2ª Edição
Revista e Atualizada

A Comunicação
Como Estratégia de Recursos Humanos

Fábio França
Gutemberg Leite

2ª Edição
Revista e Atualizada

A Comunicação
Como Estratégia de
Recursos Humanos

Copyright© 2015 by Fábio França e Gutemberg Leite

Todos os direitos desta edição reservados à Qualitymark Editora Ltda.
É proibida a duplicação ou reprodução deste volume, ou parte do mesmo,
sob qualquer meio, sem autorização expressa da Editora.

Direção Editorial SAIDUL RAHMAN MAHOMED editor@qualitymark.com.br	Produção Editorial EQUIPE QUALITYMARK
Capa RENATO MARTINS Artes & Artistas	Editoração Eletrônica ARAUJO EDITORAÇÃO
1ª Edição: 2007	2ª Edição: 2011 1ª Reimpressão: 2015

CIP-Brasil. Catalogação-na-fonte
Sindicato Nacional dos Editores de Livros, RJ

F881c
2ª ed.

França, Fábio

A comunicação como estratégia de recursos humanos / Fábio França e Gutemberg Leite. – Rio de Janeiro : Qualitymark Editora, 2015.
216 p.: 23cm

Inclui bibliografia
ISBN 978-85-7303-024-2

1. Comunicação nas organizações. 2. Comunicação empresarial. 3. Planejamento empresarial. 4. Recursos humanos. I. Leite, Gutemberg. II. Título.

11-4631
CDD: 658.45
CDU: 005.47

2015
IMPRESSO NO BRASIL

| Qualitymark Editora Ltda.
Rua Teixeira Júnior, 441
São Cristóvão
20921-405 – Rio de Janeiro – RJ
Tel.: (21) 3295-9800 | Fax: (21) 3295-9824
www.qualitymark.com.br
E-mail: quality@qualitymark.com.br
QualityPhone: 0800-0263311 |

Dedicatória

Dedicamos esta obra aos profissionais de Recursos Humanos, que têm a missão de cuidar de pessoas, e aos profissionais de Comunicação, responsáveis pela fluência da informação nas organizações.

AGRADECIMENTOS

Agradecemos em primeiro lugar a Deus, sempre presente.

Aos nossos familiares, pelo apoio emocional, estímulo e paciência pelo tempo despendido na produção desta obra.

Aos nossos clientes, igualmente grandes incentivadores que, ao longo dos anos, tornaram-se amigos francos e leais.

A todos que responderam as nossas pesquisas tanto nas dissertações de Mestrado quanto nas teses de Doutorado.

Aos profissionais que tanto colaboraram na produção desta obra: Fabiane Maieron França, Isaías Zilli, Jefferson Alexandre da Silva, Leninne Guimarães Freitas, Pedro Scigliano Junior, Priscila Delgado Martins e Vanderlei Abreu de Paulo.

"Não vos preocupeis com o dia de amanhã, pois o dia de amanhã terá sua própria preocupação! A cada dia basta o seu mal."
                                                                    Mateus, 6, 34

Apresentação

O livro *A Comunicação como Estratégia de Recursos Humanos*, de Fábio França e José Gutemberg Campos de Matos Leite, resulta de um minucioso trabalho acadêmico que investiga a origem, a evolução, o estado atual e as tendências da comunicação organizacional no Brasil

Amparados por um amplo referencial bibliográfico, incluindo publicações nacionais e estrangeiras e por duas pesquisas qualitativas e uma quantitativa sobre a influência da mídia-revista em Recursos Humanos, os autores oferecem ao final do livro um pormenorizado guia para a elaboração de um Plano Estratégico de Comunicação em Recursos Humanos.

Bem fundamentado, teórica e praticamente, o livro permite reflexões sobre a importância e a contribuição da comunicação organizacional e enfatiza a necessidade do planejamento integrado para atender a diferentes públicos, situações e níveis das pessoas. No mundo globalizado e na era da informação, as pessoas têm direito à informação e a empresa tem o dever de informar. Mais do que nunca, as organizações públicas e privadas precisam cuidar bem da sua comunicação interna e externa. Além de ser um dever social, a comunicação bem feita confere um enorme diferencial competitivo à empresa e aos seus negócios.

Os autores mostram que a empresa deve ser a primeira fonte de informações sobre si própria, tanto para os seus colaboradores quanto para os seus diversos públicos. Defendem, ainda, que os profissionais de RH devem adotar a comunicação como uma estratégia de gestão e de relacionamento com outras pessoas que gravitam em torno da empresa justamente por atuarem permanentemente com pessoas e terem um ângulo privilegiado no trato dessa questão eminentemente humana e social. Mostram ainda a necessidade do planejamento integrado da comunicação para que seja coerente, organizada e eficaz.

A qualidade da contribuição deste livro é assegurada pelas pessoas e carreiras de seus autores. Conheço bem ambos os autores: Fábio França, executivo de grandes empresas, consultor e professor renomado, e Gutemberg Leite, administrador, empresário e consultor. Posso afirmar, por ter lido o livro em primeira mão, que os autores se empenharam profunda e seriamente para elaborar um verdadeiro tratado sobre esse importante tema. Sem dúvida, este livro é uma contribuição relevante para o desenvolvimento das atividades e dos profissionais de comunicação corporativa, em particular para os profissionais de Recursos Humanos que desejam se preparar para conduzir bem a comunicação como um instrumento de gestão de pessoas.

Caro leitor, você tem em mãos um excelente livro de referência. Ele é útil para você entender as peculiaridades da comunicação organizacional e as razões que justificam os cuidados para a tomada das melhores decisões no planejamento, na organização e na condução dos assuntos de comunicação.

Parabéns aos autores pelo excelente tratado e o agradecimento pela generosidade de compartilhar os seus conhecimentos sobre a matéria e de terem me concedido o privilégio de fazer esta apresentação.

José Augusto Minarelli
Presidente da Lens & Minarelli Associados Ltda.
Consultoria de *Outplacement* e Aconselhamento de Carreira

Prefácio

Uma bem-sucedida parceria entre a teoria e a prática

A comunicação de uma organização está, umbilicalmente, vinculada ao seu processo de gestão, de tal modo que organizações democráticas, quase sempre, se caracterizam por uma comunicação mais aberta, mais plural e que favorece a participação dos seus públicos internos.

Uma análise, ainda que ligeira, do discurso atual das organizações brasileiras revela que, em sua maioria, elas apregoam a importância da comunicação, em particular da comunicação interna, e a consideram como estratégica, como instrumento de inteligência e suporte fundamental à chamada gestão do conhecimento.

Na prática, a situação, necessariamente, não se confirma. Embora prevaleça, efetivamente, a consciência de que é vital criar uma "cultura de comunicação" nas organizações, há desafios imensos a superar.

Em primeiro lugar, muitas empresas e entidades continuam enxergando a comunicação sob uma perspectiva meramente tática ou operacional e não buscam criar condições para que as informações circulem livremente no ambiente interno. O capital intelectual permanece estocado, portanto, não disponível para alavancar processos de decisão que envolvam todo o *staff* técnico e gerencial e valorizem o talento dos funcionários.

Em segundo lugar, a comunicação é considerada, com alguma frequência, como uma ameaça, e não como uma oportunidade. Exerce-se o controle, difunde-se a autocensura e, dessa forma, o esforço de participação e o incentivo para iniciativas individuais ou coletivas ficam comprometidos.

Em terceiro lugar, as estruturas que dão conta da comunicação interna não têm se profissionalizado adequadamente, e o improviso se estabelece como norma, penalizando a eficácia das ações comunicacionais.

Finalmente, não se promovem, sistematicamente, auditorias de comunicação para diagnosticar os defeitos e as virtudes do sistema de comunicação interna, permitindo que se perpetuem distorções, estrangulamentos e, sobretudo, contribuindo para que se reduzam, progressivamente, os espaços para interação.

Evidentemente, já se pode identificar um conjunto de organizações que se situam à margem desse cenário pouco favorável e que tendem a se tornar referência. Seu sucesso, propagado em congressos e *papers*, pode, a médio prazo, acarretar mudanças importantes em organizações tradicionais que, realmente, estão à margem da comunicação empresarial moderna.

O estudo, a pesquisa e o debate da importância da comunicação como estratégia de Recursos Humanos, objeto deste trabalho, se revestem, portanto, de grande atualidade e relevância.

Fábio França e José Gutemberg Campos de Matos Leite, reconhecidamente especialistas na área, profissionais e pesquisadores de prestígio, sistematizam, aqui, conceitos básicos, debruçam-se sobre o cenário brasileiro e agregam a reflexões bem fundamentadas resultados de pesquisas obtidos na Academia.

De forma pioneira na literatura brasileira, buscam resgatar temas que se encontram dispersos e pouco trabalhados, como a emoção e a assertividade na comunicação. Trazem elementos essenciais sobre a teoria e a prática da comunicação dirigida e destacam o papel da comunicação em situações de crise. Constroem cenários abrangentes do impacto da globalização na comunicação organizacional e da relação entre as empresas e seus colaboradores.

A comunicação interna ganha, com a obra, a importância merecida e vê ressaltada a sua estreita vinculação com o processo de gestão, em particular o de gestão de pessoas. De forma distinta de muitos trabalhos em Administração que relegam a comunicação a um plano secundário, este a coloca no seu devido lugar: valoriza e credita à comunicação a responsabilidade que ela efetivamente tem no ambiente organizacional.

Este é fruto da aproximação necessária e bem sucedida entre o mercado e a universidade, entre a teoria e a prática, e será leitura proveitosa para profissionais de diversas áreas porque assume uma perspectiva abrangente da comunicação e da gestão organizacionais.

O trabalho de Fábio França e José Gutemberg Campos de Matos Leite preenche, de forma competente, uma lacuna importante na área e, com

Introdução à Primeira Edição

A história da comunicação organizacional no Brasil teve seu início na década de 70, de maneira tímida e fragmentada. Existiam em pequena escala organizações multinacionais que publicavam jornais internos para empregados, chamados à época, por influência estrangeira, de *house organs*. Não se podia contar ainda com contingente expressivo de profissionais de comunicação, pois o primeiro curso de Jornalismo fora criado em 1947 pela Faculdade de Comunicação Social Cásper Líbero, em São Paulo, e o de Relações Públicas, em 1967, na Escola de Comunicação e Artes da Universidade de São Paulo. Leve-se ainda em conta que, nessa época, os jornalistas eram poucos e ainda não consideravam as empresas como possível campo de trabalho; assim, lutavam e se orgulhavam por trabalhar nas redações dos veículos de massa existentes. O conceito de "comunicação empresarial" inexistia na acepção que encontramos hoje.

Aos poucos, no entanto, aumentava o número de empresas que faziam divulgações para públicos internos e externos – jornais e revistas – ainda muito incipientes e sem qualidade editorial. Um grupo de empresários e comunicadores avaliou a oportunidade do novo mercado e criou uma associação com o objetivo de coordenar as publicações empresariais e de treinar editores, uma vez que os produtos não apresentavam qualidade editorial e gráfica.

Foi assim que, em 1967, surgiu a Associação Brasileira dos Editores de Revistas e Jornais de Empresas – Aberje, que se transformou, mais tarde, em Associação Brasileira de Comunicação Empresarial. A partir de 1987, essa entidade passou a editar uma série de livretos que tiveram por título *Panorama da Comunicação Empresarial*. É bom reparar que não se empregava ainda o conceito de "comunicação organizacional" e que os setores encarregados da comunicação nas empresas eram denominados de Comunicação Social.

Outra entidade que contribuiu para o estudo da comunicação empresarial foi a Proal – Programação e Assessoria Editorial Ltda., criada em 1968 em São Paulo e que iniciou em 1971 a publicação dos *Cadernos de Comunicação Proal* e a realização de cursos e encontros para debater o assunto.

As décadas de 80 e 90 foram marcadas pelo grande desenvolvimento da comunicação empresarial no Brasil, movimentada pela realização de cursos, seminários, congressos e pela publicação de revistas, teses e livros, o que se torna viável a partir da reabertura política em 1995, que se consolidou pela publicação da Constituição de 1988. Paulo Granja, assessor de Comunicação Social da Associação Brasileira das Indústrias do Fumo, explicitou de maneira precisa o que ocorreu, então, em relação ao assunto, e por que se deu a migração dos jornalistas para as empresas, quando escreveu, em 1988, sobre o cenário da comunicação empresarial:

> *Ultimamente, com o boom dos* house organs, *ela ganhou dimensões maiores. Paradoxalmente, esse boom foi favorecido pela recessão em que o Brasil afundou quando recorreu ao FMI, no período Delfim Netto. A imprensa brasileira viu-se obrigada a demitir centenas de jornalistas, muitos dos quais desembocaram em* house organs *– jornais e revistas de empresas, entidades de classe etc. –, melhorando sua qualidade. Parece ter-se chegado, agora, a um estágio em que se torna necessária uma filosofia de* house organ: *verificar de que maneira ele pode alcançar uma funcionalidade ótima como elo de ligação entre a empresa, o empregado e outros públicos* (sic). (Panorama, 1988, p. 3)

A história da comunicação empresarial no Brasil pode ser encontrada de forma mais detalhada na obra *Relações Públicas e Modernidade*, da pesquisadora Margarida Maria K. Kunsch, editada em 1997, e em *Comunicação Empresarial: Teoria e Pesquisa*, de Wilson da Costa Bueno (2003). Em 2009, essa história foi enriquecida pela publicação da obra *Comunicação Organizacional*, organizada por Kunsch em dois volumes, tratando o primeiro do histórico, dos fundamentos e dos processos, e o segundo da linguagem, da gestão e das perspectivas da comunicação.

Introdução

Em pesquisa realizada para estudar a percepção dos diversos departamentos das organizações sobre as informações que recebem e para tentar tipificar essa comunicação, identificou-se que o setor de Recursos Humanos é o que sempre se envolveu e praticou a comunicação interna em maior escala, com características próprias, a favor da empresa e dos empregados.

A pesquisa Aberje 2000, que utilizou uma amostra de 100 empresas de todo o país, indica que 41% dos respondentes afirmam que a comunicação interna de suas empresas está sob a responsabilidade de Recursos Humanos, contra apenas 49% que a colocam ao amparo da área de Comunicação.

Em vista desses resultados, pode-se inferir que, considerando o universo das organizações brasileiras, a comunicação interna continua sob a responsabilidade de Recursos Humanos, pioneiro incontestável do seu exercício nas empresas brasileiras. Tal fato não é mencionado pelos estudiosos dessa temática. Encontra-se em Wilson da Costa Bueno referência ao assunto, quando escreve:

> ... as publicações empresariais estavam, em sua maioria, atreladas às áreas de Recursos Humanos, com as limitações conceituais, filosóficas e doutrinárias (ideológicas?) que elas lhes impuseram (2003, p. 5).

A citação nos dá conta de que, antes da existência dos departamentos de Comunicação, da presença de comunicadores formados, do "desembocar" dos jornalistas nos *house organs*, quem sempre cuidou da comunicação interna foram os profissionais do setor de Recursos Humanos. Ainda que sem a formação específica, desenvolveram os primeiros boletins internos, informativos, jornais, jornais murais, festas de confraternização e outras iniciativas que tinham por foco informar e atender às expectativas dos empregados. Simplesmente, chegaram primeiro.

Não se extinguiu, portanto, até o presente, a predominância de Recursos Humanos na comunicação com empregados. Embora o cenário de hoje seja muito diverso, nesta obra procura-se analisar os fatores internos e externos que identificam a ação do setor ou podem influenciá-lo, tanto sob aspectos globais, como de inter-relação humana. Esta análise é elaborada sob o olhar de dois experimentados profissionais com experiência de mais de 25 anos no setor em suas áreas de atuação: o professor Fábio França, mestre e doutor em Ciências da Comunicação pela Escola de Comunicação e Artes da Universidade de São Paulo e consultor de empresas, e pelo empresário Gutemberg Leite, mestre em Comunicação e Mercado pela Faculdade Cásper Líbero e pós-graduado em Administração com ênfase em Recursos Humanos, pela Fundação Escola de Comércio Álvares Penteado. O objetivo da união de pesquisas e experiências é contribuir com os comunicadores no atendimento das necessidades inter-relacionais e das expectativas dos públicos empresariais internos.

Essa obra não é um manual de comunicação com empregados. É de reflexão e de levantamento de dados sobre o ambiente de recursos humanos e as ideias que podem influenciar, positiva ou negativamente, o comportamento do setor, e consequentemente, o processo de comunicação que necessita ser avaliado sob outros enfoques para ser eficaz.

O Capítulo 1 focaliza o fenômeno da globalização e o impacto de sua influência na mudança de atitudes e de comportamento dos empregados, que de "peões" se tornaram colaboradores exigentes quanto a seu bem-estar e na comparação que fazem entre a empresa onde trabalham e suas concorrentes.

O Capítulo 2 concentra-se na valorização da comunicação organizacional como elemento estratégico utilizado por Recursos Humanos para estabelecer inter-relações harmoniosas dos setores executivos com os setores administrativos e produtivos. Demonstra como passou a ser um elemento estratégico, destinado a manter a comunidade interna informada e motivada no bom desempenho de suas funções. Mostra como o conceito evoluiu, acompanhando as transformações organizacionais e sociais, analisa os fatores que vêm marcando a comunicação e as tendências de futuro.

O Capítulo 3 trata, de forma original, da comunicação dirigida, por ter sido sempre a mais empregada pelos profissionais de Recursos Humanos, bem como dos diferentes instrumentos que a utilizaram e ainda utilizam no seu trabalho de informar e persuadir os públicos internos. Ensina ainda como obter resultados na execução de um programa bem-sucedido de comunicação dirigida.

A assertividade na comunicação é tratada no Capítulo 4. A eficácia da comunicação depende não só da análise da fonte, das mensagens e da recepção, mas também de recursos capazes de persuadir os diferentes interlocutores que podem apresentar diferentes tipos de comportamento passivo, assertivo, agressivo. O que é a assertividade e como empregá-la com êxito na comunicação interpessoal é o objeto do capítulo.

certeza será, doravante, menção obrigatória na bibliografia de Comunicação e de Recursos Humanos, estimulando novos estudos, novas pesquisas e novas reflexões. Uma contribuição que o mercado e a universidade deverão saudar com entusiasmo e que reafirma a maturidade da comunicação organizacional brasileira.

Wilson da Costa Bueno
Jornalista, professor do Programa de Pós-Graduação em
Comunicação Social da Umesp,
Professor de Jornalismo da ECA/USP e
Diretor da Comtexto Comunicação e Pesquisa.

Sumário

Introdução 1

Capítulo 1: O Impacto da Globalização na Comunicação Organizacional 9

Capítulo 2: A Importância da Comunicação em Recursos Humanos 21

Capítulo 3: A Comunicação Dirigida e a Mídia Empresarial 37

Capítulo 4: A Assertividade e a Liderança na Comunicação 57

Capítulo 5: A Emoção na Comunicação 71

Capítulo 6: A Força da Comunicação em Situações de Crise 81

Capítulo 7: O Novo Cenário da Inter-relação Empresa-colaboradores 95

Capítulo 8: Pesquisas sobre a Influência da Mídia-Revista em Recursos Humanos 111

    1. Pesquisa quantitativa com profissionais da área de Recursos Humanos 115

    2. Pesquisa qualitativa – executivos 132

    3. Pesquisa qualitativa – editores e articulistas 146

    4. Comentários sobre os resultados da pesquisa 158

    5. As ideias que influenciam o setor de RecursosHumanos 171

Capítulo 9: Programa Estratégico de Comunicação em Recursos Humanos 175

Bibliografia 191

A emoção é parte integrante do comportamento humano. Tanto pode favorecer como interferir nas atitudes e nas ações das pessoas e do comunicador. A análise do comportamento das pessoas leva em conta dois tipos de inteligência: a racional e a emocional. Esse tema é objeto do Capítulo 5, que estuda as formas emocionais que podem interferir na comunicação pessoal e interpessoal.

Como nem tudo são flores em Recursos Humanos, com relativa frequência esse setor enfrenta conflitos de maior ou menor gravidade, seja devido à crise econômica, à insatisfação de empregados, à pressão sindical ou à ocorrência de desastres e de outras situações críticas. O Capítulo 6 procura oferecer subsídios que contribuam para solucionar as emergências desse cenário, estudando a força da comunicação em situações de crise.

O novo cenário da inter-relação da empresa-colaboradores é apresentado no Capítulo 7, que analisa os paradigmas tradicionais do setor, demonstra como se desenvolveu, influenciado pelas transformações das organizações e do mercado de trabalho, que passou a exigir profissionais com capacitações e habilidades especificas para poderem desempenhar suas funções de maneira a produzir os resultados esperados pela nova gestão de Recursos Humanos.

O Capítulo 8 merece destaque especial. Depois de analisar as mudanças no setor de Recursos Humanos, procura saber como o setor é influenciado pelas novas ideias, mas principalmente pela mídia-revista, especializada ou de informação geral. A busca dos fatores que podem afetar a área de Recursos Humanos foi examinada em profundidade por meio de três pesquisas – uma quantitativa e duas qualitativas –, feitas com audiências qualificadas e diretamente envolvidas no setor. O objetivo dessa investigação é tentar compreender de maneira mais detalhada o setor, conhecer a sua evolução, identificar as ideias que o influenciam e a intenção dos comunicadores externos, quando discorrem sobre ele em suas publicações. Cada pesquisa é acompanhada de seus resultados, que são depois reunidos em um comentário geral, síntese dos pontos mais importantes encontrados.

A partir das ideias que vêm influenciando o setor de Recursos Humanos e das análises feitas ao longo dessa obra, apresenta-se no Capítulo 9 um programa estratégico de comunicação que orienta como proceder para se obter uma comunicação com os colaboradores que seja efetiva e gere resultados.

A preocupação dos autores concentrou-se no estudo de aspectos importantes da comunicação utilizada como estratégica pela área de Recursos Humanos. Não tiveram objetivo de delimitar campo de trabalho de comunicadores, nem elaborar um manual de comunicação, mas aproveitar os dados encontrados para, à base deles, propor diretrizes para que a comunicação empresarial possa ser planejada de modo a responder às necessidades de relacionamentos da organização com seus públicos, sobretudo com os seus colaboradores, objeto maior do interesse de Recursos Humanos.

Introdução à Segunda Edição

A aceitação desta obra pelos profissionais dedicados à gestão de pessoas e à comunicação eficaz dentro das organizações representa um índice valioso de sua importância para a construção de relacionamentos e de processos planejados de comunicação com os diversos públicos que interagem com as organizações contemporâneas.

Este livro *Comunicação como Estratégia de Recursos Humanos* vem merecendo atenção constante de profissionais desses setores, de professores e universitários que procuram implantar a comunicação como valor estratégico nas organizações a que prestam serviços. Foi adotado, por exemplo, em faculdades de comunicação como livro referência para estudantes de Jornalismo, Relações Públicas e Comunicação Organizacional. Considerando a aceitação geral da obra, a *Qualitymark Editora* programou sua segunda edição e convidou os autores a aperfeiçoá-la no interesse de seus leitores.

Como se trata de uma obra de reflexão sobre importantes temas de RH e de Comunicação, não tem por objetivo ser um manual de comunicação, mas levantar temas pouco estudados em obras ligadas à comunicação e apresentar elementos que contribuam para a criação de diretrizes e de políticas de relacionamento e comunicação com os principais públicos de interesse da organização. Nesse sentido, esta segunda edição mantém a maior parte do texto original sem alterações por considerá-lo ainda atual.

Foram feitos alguns ajustes na Introdução da primeira edição e ao longo do texto, atualizando-o onde foi necessário. No Capítulo 1 – *O Impacto da Globalização na Comunicação Organizacional* –, quando se analisam as mudanças de atitude dos trabalhadores, acrescentou-se um estudo sobre as tendências de classificar os trabalhadores de acordo com as décadas em que nasceram descrevendo-os segundo as características de cada geração, merecendo especial atenção o estudo da geração Y. No Capítulo 2 – *A Importância da Comunicação em Recursos Humanos* –, o texto sobre o uso da tecnologia atual na comunicação foi enriquecido com a apresentação das mídias digitais sociais e os cuidados que devem ser tomados na sua introdução como ferramentas de comunicação da atualidade.

Por sugestão de muitos leitores, o Capítulo 6 – A *Força da Comunicação em Situações de Crises* – foi reformulado e enriquecido com a introdução do comportamento de *bullying*, praticado em locais de trabalho, oferecendo maior precisão no tratamento do assédio moral (*mobbing*) e do assédio sexual. Em sua parte final, acrescenta um estudo mais amplo sobre o gerenciamento de crises, deixando claro que não pretende compor um tratado sobre o assunto, que é complexo e merecedor de obra à parte.

No Capítulo 9 – *Programa Estratégico de Comunicação em Recursos Humanos* –, devido à importância do tema, foram ampliadas as formas de conceituação de públicos.

Confiam os autores que, com as atualizações introduzidas, esta obra prossiga levando informações valiosas para todos os profissionais dos setores de RH, do Jornalismo, das Relações Públicas e de quantos se esforçam para planejar e criar processos eficazes de comunicação, levando em conta os diferentes públicos e os fatores que podem interferir e contribuir para melhorar seus resultados.

Os autores

São Paulo, agosto de 2011.

Capítulo I

O Impacto da Globalização na Comunicação Organizacional

Globalização e Comunicação

No mundo inteiro, e também no Brasil, uma onda de transformações vem afetando as empresas. Essas mudanças estão ligadas às alterações mercadológicas, ao fenômeno da globalização e à necessidade de as empresas serem flexíveis para manter sua competitividade, diante de uma concorrência cada vez mais ativa. Esses fatores levaram as organizações a se adaptarem prontamente às exigências dos tempos atuais.

Diante da globalização surgiu a necessidade premente de comunicação das organizações com o mercado, tanto nacional quanto internacional. De um lado, a necessidade de informação sistematizada da transmissão de dados para possibilitar as operações empresariais e, de outro lado, a necessidade de entendimento cada vez maior entre as pessoas envolvidas com a empresa, incluindo nesse campo também seus empregados, para que seus negócios prosperem e possam continuar a competir, mantendo seus padrões de produtividade e lucratividade. A concorrência, de local, regional, nacional, tornou-se internacional, podendo afetar a empresa a qualquer hora, pois o mundo de negócios ficou sem fronteiras. Embora muitos imaginem que o espírito de renovação e de globalização só pairou nos níveis hierárquicos superiores das organizações, o fato é que atingiu também os empregados. Isto significa que um bom processo de comunicação exigirá posicionamento que leve em consideração a nova realidade empresarial. Tornou-se mais difícil para qualquer organização conviver harmoniosamente com seus funcionários, porque: (a) foram mais treinados para assumir novas responsabilidades; (b) conhecem melhor a empresa, seus produtos e negócios; c) estão em contato maior com outros trabalhadores de outras empresas que trabalham como terceirizados, que têm mentalidade mais aberta e crítica; (d) por serem mais responsáveis na execução de suas tarefas, cobram mais atenção e benefícios da empresa; (e) têm contatos frequentes com outros sistemas de produção de empresas prestadoras de serviços e com fornecedores.

Tal situação é nova dentro das organizações. O trabalhador, pelo treinamento recebido para a implantação dos processos de qualidade, do planejamento estratégico, das normas de certificação e de outras reformas administrativas, somando-se a isso os novos modelos a serem seguidos na execução de suas tarefas, como a prática do empreendedorismo, passou a pensar de forma mais ampla, com visão de contexto de negócios de futuro – portanto, global. Esse fator deverá ser, de ora em diante, levado em consideração pelas organizações na reformulação de seus princípios operacionais e no estabelecimento de seu novo processo de comunicação.

Interferência da Mentalidade Global nos Trabalhadores

A mudança de comportamento dos empregados com o advento da informatização, da introdução de novas tecnologias de produção, de máquinas mais modernas, mais produtivas, superiores às da concorrência, despertou em todos eles uma curiosidade extremamente aguçada – atestam observadores mais atentos. Não se limitam mais tão-somente a conhecer generalidades sobre a empresa. A velocidade das transmissões de informações influencia diretamente suas atitudes. Leem revistas, jornais, veem programas de televisão, acessam a internet, acompanham a exposição da concorrência na mídia e seu sucesso. Participam de programas de treinamento mais amplos que os colocam em contato com outras empresas, ou até convivem com empresas fornecedoras debaixo do mesmo teto. Tudo isso os leva a querer que a organização para a qual trabalham possua a mesma excelência que observam nas empresas concorrentes. Isso faz os trabalhadores modernos analisar e verificar recursos de sua organização. Querem sentir-se superiores à concorrência, com capacidade de produzir e de competir de modo melhor. Daí nasce uma série de preocupações dos empregados com sua empresa, sobretudo quando verificam que ela já se modernizou com novas tecnologias, implantou a qualidade total e conseguiu diversas certificações da Série ISO 9000. Interessam-se também em saber se a organização se preocupa com a prática da Responsabilidade Social Corporativa na condução dos negócios, fundamentada nos princípios internacionais da Sustentabilidade Econômica, Social e Ambiental. E, ainda, se a organização onde se encontram faz parte da lista das empresas percebidas como socialmente responsáveis, das melhores para se trabalhar, e das mais admiradas do Brasil. A consciência global já faz os empregados questionarem a própria organização, sua administração, seus recursos, suas práticas. Podem não saber o que é globalização, *accountability*, como descrever suas influências, mas, por ouvirem dizer, por comparação, pelo uso da internet e das redes sociais, pela maior responsabilidade que assumiram (*empowerment*), já sentem que, se sua empresa não for competitiva, bem administrada, com marketing de relacionamento, com produtos de qualidade e bem aceitos no mercado, socialmente responsável, ela terá dificuldades na manutenção de sua sobrevivência.

Um texto de Octavio Ianni contribui para a compreensão desse processo de transfiguração da mentalidade das pessoas pela magia da globalização e da eletrônica:

> *Tudo se globaliza e virtualiza, como se as coisas, as gentes e as ideias se transfigurassem pela magia da eletrônica. A onda modernizante não para nunca, espalhando-se pelos mais remotos e recônditos cantos e recantos dos modos de vida e trabalho, das relações sociais, das objetividades, subjetividades, imaginários e afetividades, McLuhan "viu a tecnologia como uma extensão do corpo". Da mesma forma que a roda é uma extensão do pé, o telescópio uma extensão do olho, assim a rede de comunicações é uma extensão do sistema nervoso. Assim como a rede de comunicações espalhou-se pelo mundo, assim ocorreu com a nossa rede neural. A televisão tornou-se os nossos olhos, o telefone a nossa boca e ouvidos. Nossos cérebros são elos de um sistema nervoso que se estende através do mundo todo.* (Apud Ianni, 1996, p. 97)
>
> *É como se cada indivíduo passasse a ser o elo de múltiplas redes de comunicação, informação, interpretação, divertimento, aflição, evasão. Cada indivíduo pode ser um feixe de articulações locais, nacionais, regionais e mundiais, cujos movimentos e centros de emissão estão dispersos e desterritorializados mundo afo-*

ra. *Seu modo de ser, compreendendo ações, relações, reflexões e fantasias, passa a ser cada vez mais povoado pelos signos espalhados pela aldeia global.* (Ianni, 1996, p. 97)

Essa consciência exige um processo totalmente novo de comunicação com empregados, inteligente, ligado nas atividades da empresa e no conhecimento de sua atuação dentro e fora do país. Por exemplo, sobre os negócios internacionais da empresa os empregados querem saber:

- para que países os produtos são vendidos e como são utilizados;
- com que concorrentes estão competindo;
- qual o seu nível de aceitação da empresa e de seus produtos no mercado.

Como resultado desse posicionamento, os trabalhadores sentem-se estimulados a trabalhar mais e melhor, com espírito competitivo e participativo.

No campo interno de sua organização, os trabalhadores, que passaram de "peões" a técnicos pelo treinamento recebido, entre muitos outros questionamentos, querem saber:

- se a sua empresa compete em condições de igualdade com os concorrentes;
- se tem seu *site* na internet, *blogs* corporativos, se permite que façam uso das redes sociais;
- se faz muitos negócios via internet;
- se sua produção está tão informatizada quanto a dos concorrentes;
- se os produtos que faz está competindo no mesmo nível, ou até em nível superior de qualidade;
- se seus salários estão no mesmo patamar das demais empresas do setor e da concorrência;
- se suas condições de trabalho oferecem qualidade de vida como desejam.

Esse pensar homogêneo, próprio da aldeia global e da época globalizada em que vivemos, é fixado em seu contexto por Octavio Ianni, quando escreve:

> *Entretanto, nesta altura da história, o que predomina é a multidão de trabalhadores, populações ou coletividades nacionais, dispersas em grupos, etnias, minorias, classes, regiões, culturas, religiões, seitas, línguas, dialetos, tradições culturais. Todos membros de uma estranha aldeia global. Articulados pelo alto, desde centros decisórios desterritorializados, recebendo aproximadamente as mesmas mensagens em todos os lugares, informando-se mais ou menos nos mesmos termos, sendo levados a pensar os problemas cotidianos, locais, regionais, nacionais, continentais e mundiais em forma mais ou menos homogênea. Uma fantástica aldeia global, em que se dispersa uma imensa multidão de solitários, inventada pelo alto, satelitizada, eletrônica, desterritorializada* (Ianni, 1996b, p. 114).

Mudanças de Atitude dos Trabalhadores

Os resultados do processo globalizante podem ser acompanhados nas transformações da mentalidade dos empregados, o que os está levando à mudança de comportamentos e ao novo posicionamento de seus projetos de vida. Podem ser destacados alguns aspectos levantados em entrevistas com diversos trabalhadores.

1. Os trabalhadores já começam a acreditar que as mudanças estão acontecendo em toda parte, em todos os setores e estão também afetando a vida deles, seus relacionamentos, emprego e trabalho – resumindo, sua carreira profissional. Não se sentem mais "ativo fixo" da empresa; como muitos de seus colegas, poderão também a qualquer momento ser excluídos do seu emprego tradicional. Portanto, trabalham atentos a seu aperfeiçoamento profissional, para enfrentar eventuais desafios futuros.

2. Percebem que são afetados também em sua vida particular: as pessoas estão mudando e não aceitam mais os outros como são, exigem novas atitudes de todos. Não acreditam mais no que se fala, pois vêem tudo de modo diferente. Todos estão perdendo espaço no trabalho, muitas profissões já não existem mais, outras estão desaparecendo e, de repente, verifica-se que muitos não servem mais para produzir o que sabiam, pois aquela tarefa não tem mais utilidade.

3. Percebem os empregados que a globalização afetou não só os valores das empresas onde trabalham, mas também seus valores familiares.

Os mais velhos não são mais obedecidos, não se acredita mais nas suas certezas e sabedoria, tudo mudou e os velhos não querem mudar. Tanto na empresa como no seu ambiente externo, observam os trabalhadores que os resistentes às mudanças começam a ser rejeitados porque resistem, não se adaptam à modernização, à tecnologia. Cada um faz o que quer ou o que pode para acompanhar as mudanças. Quem não age assim começa a ficar deslocado no emprego, na profissão, apesar de toda a boa vontade e dos muitos anos de trabalho.

4. As mudanças prosseguiram de maneira acentuada. Os profissionais de RH sentiram a necessidade de descrever os níveis de profissionais, claramente diversificados em seus pontos de vista sobre a organização, o relacionamento com as chefias, o trabalho, a execução das funções, a aceitação das diretrizes da organização e a busca por planos de carreira rápida e por cargos e promoções.

Surgiu, assim, nova nomenclatura dos trabalhadores, feita segundo as características apresentadas pelas gerações na sua visão do mundo. Mesmo sem pesquisas que comprovem as divisões, e sem unanimidade na denominação das décadas, as gerações foram identificadas, levando-se em conta alguns fatores históricos, que deram origem ao uso de signos para descrevê-las. Os veteranos, nascidos antes da Segunda Guerra Mundial; os *baby boomers* ou a Geração B, situados nas décadas de 1945 e 1960; a Geração X, nascida nas décadas de 1960 e 1970; e o fenômeno da Geração Y, nascida nas décadas de 1980 e 2000.

O que existe de fato e atormenta os gestores de RH é um conflito de gerações, que percebem a organização, o trabalho e suas carreiras com objetivos e interesses diferentes, mas que precisam aprender a conviver harmonicamente.

A chegada da Geração Y pôs em cheque os valores de gerações anteriores, apegadas à hierarquia, à estabilidade no trabalho, aos paradigmas rígidos, ao relacionamento e aos procedimentos formais, a seus cargos, à competitividade, ao individualismo, à dedicação excessiva ao trabalho.

Como gerenciar esse conflito de gerações e como entender e se relacionar com a Geração Y, aproveitando sua competência, oferecendo-lhe espaço na empresa e retendo os melhores talentos?

O que está em jogo na gestão de RH perante a Geração Y é a capacidade de formar novas lideranças, empreendedores, trabalhadores que tenham maturidade, internalizem os valores da empresa e sejam capazes de ocupar posições diretivas, sem os vícios dos *baby boomers* e da Geração X.

O que incomoda os gestores de RH são as características da Geração Y, totalmente opostas ao cotidiano das gerações de décadas anteriores e a dificuldade em enquadrá-la ao sistema hierárquico das organizações, pouco flexível, e ainda conduzido pelos *baby boomers* e pela Geração X.

Características da Geração Y

Os jovens da Geração Y sabem com quem querem trabalhar: em empresas que são mais admiradas, que estão no topo das listas de melhores empresas para trabalhar, que oferecem melhor remuneração, qualidade de vida no trabalho, treinamento, oportunidades de fazer carreira rapidamente. Querem fazer o que gostam em uma empresa na qual se sintam bem acolhidos e confortáveis.

Em entrevista com Suely Agostinho, diretora de Recursos Humanos e Assuntos Corporativos da Caterpillar Brasil, ela afirma que, segundo pesquisa realizada pela empresa, os jovens da Geração Y querem "ser independentes, ter agendas flexíveis, com poder sobre a própria carreira. Desejam modificar as regras, adaptando o trabalho à vida e atribuindo mais valor ao conhecimento do que às pessoas; desejam ainda utilizar tecnologia avançada e ser hábeis em gerenciar informações que vêm de diversas fontes".

É uma geração ambiciosa. Tem sede de sucesso. Quer ascensão rápida. Considera que, depois dos investimentos feitos e de anos de dedicação aos estudos, está preparada, tem competência profissional, e não pode ficar esperando "ficar velha" para ocupar uma função diretiva. Quer ser reconhecida sem demora. Não leva em conta que a empresa não pode promover e atender a todos, que precisa ter vivência no exercício de sua atividade, maturidade, para poder assumir funções de gestores. Colocam na frente o desejo de enfrentar desafios e de dar sua contribuição à empresa.

Outra característica que incomoda é a informalidade dessa geração. Esses jovens não dão muita atenção à hierarquia. Querem resolver tudo rapidamente, sem intermediários, preferem "falar com Deus", que é quem resolve. Querem resultados. Essa informalidade se manifesta no relacionamento com as chefias, com os colegas, na linguagem empregada, no modo de vestir (incluindo tatuagens), de se comunicar rapidamente por e-mail ou pelas ferramentas da comunicação móvel, companheiras inseparáveis de sua vida diária. Essa convivência com a tecnologia diferencia de maneira considerável a Geração Y das demais.

A Geração Y procura conhecer e se identificar com a missão e os valores da empresa, pois quer trabalhar para algo que faça sentido para ela. Ao procurar esse alinhamento com os princípios operacionais da empresa, espera também receber *feedback* constante de seu desempenho e não se sente inibida em questionar chefias, ordens recebidas, dar opiniões sobre o trabalho.

Esclarece Suely que a expectativa dessa geração é "ter nível de abertura com todos os níveis e pouca burocracia". Aprecia também a flexibilidade nas condições de trabalho. Muitas vezes, não se apega à empresa. Se não encontra oportunidades, facilmente a abandona, o que é confirmado por Suely ao explicar que os colaboradores dessa geração "não criam vínculos, pois sabem o valor que têm no mercado e pouco se preocupam com a estabilidade profissional". Às vezes, pela pressa em queimar etapas, a Geração Y é vista como imatura, nem sempre disposta ao trabalho continuado, à espera de uma futura promoção.

Posicionamento de RH

A presença de várias gerações com valores, crenças, culturas e experiências próprias, e a dificuldade de gerenciar o comportamento dessas pessoas, que giram em esferas independentes, representam um problema para o setor de RH. Tal situação mostra que as estruturas organizacionais não estavam preparadas para enfrentar esses conflitos e, embora haja tendências à descentralização e à flexibilização, nada indica que haverá grandes mudanças nas estruturas empresariais em curto espaço de tempo.

Outra evidência é a necessidade que têm as organizações de mudar a relação com sua força de trabalho. Os trabalhadores não podem mais ser tratados anonimamente. Exigem respeito, reconhecimento, transparência da empresa no relacionamento com eles, oportunidades de treinamento e de ascensão na carreira, ambiente de trabalho sadio e sustentável.

Torna-se, portanto, indispensável repensar a política de gestão de pessoas, reformular as descrições de cargos, promover a interdependência das áreas, a troca de conhecimento entre as equipes de diversos setores, o que hoje pode ser realizado pelo uso das redes sociais internas.

O equilíbrio interno da empresa exigirá que ela promova a integração das gerações, demonstrando que cada uma tem uma contribuição específica a dar e que somente pelo trabalho consciente de todos é que a organização atingirá seus objetivos.

Exigências do Processo Globalizante de Comunicação

Dentro das organizações predomina hoje a busca ansiosa da informação. Ela passou a ser vital no desempenho de todos. Sem ela torna-se difícil atingir os resultados esperados. Caracterizada pela rapidez de sua transmissão e pela disponibilidade imediata de dados, a informação, além de vital, tornou-se maior valor estratégico, porque traz o conhecimento, e o conhecimento tornou-se símbolo do poder, como se expressa Alvin Toffler: "Quem tem o conhecimento, tem o poder".

A mudança de mentalidade já verificada nos empregados, a grande necessidade que têm da informação e do estabelecimento de um processo permanente e eficaz de comunicação demonstram que os métodos tradicionais da comunicação empresarial não têm tido a eficácia desejada. Pelo contrário, burocratizam o processo produtivo, impedem a lucratividade da empresa e a colocam no rol das empresas lentas, incapazes de competir com as empresas rápidas, novamente no dizer de Toffler.

A busca das organizações deverá responder à consciência de uma comunicação globalizada, que esteja presente a cada momento e disponível para todos.

> *Em cada nível da atividade empresarial, portanto – ao nível dos padrões globais para a televisão e as telecomunicações... ao nível da caixa do varejista... ao nível do caixa automático e do cartão de crédito... ao nível das redes eletrônicas extra-inteligentes... ao nível dos serviços de inteligência competitiva e da contra-inteligência – , estamos cercados de infoguerras e infoguerreiros, que lutam pelo controle do mais essencial recurso da* Era da Powershift *(Toffler, 1990, p. 184).*

Esse texto ilustra a necessidade global da informação, que só poderá ser distribuída a todos os setores que dela necessitam se as organizações se posicionarem de forma diferente e proativa, estabelecendo diretrizes que conduzam o processo de comunicação de forma planejada e permanente, adotando estratégias adequadas ao novo ambiente interno das empresas. Com precisão, esse quadro é descrito por Alvin Toffler:

> Como o ambiente empresarial de hoje está tendo convulsões provocadas pela surpresa, perturbações, reversões e turbulência generalizada, é impossível saber com precisão e antecedência quem, numa organização, irá precisar e de que tipo de informações. Em consequência, a informação de que precisam tanto os executivos como os empregados para fazer bem o seu trabalho, para não falar em inovar e melhorar o trabalho, não pode chegar aos gerentes da linha de frente e aos empregados através dos velhos canais oficiais.
>
> Isso explica por que milhões de empregados inteligentes, que trabalham com afinco, descobrem que não podem executar suas tarefas – não podem abrir novos mercados, criar novos produtos, projetar uma tecnologia melhor, tratar melhor os fregueses, ou aumentar os lucros – a não ser burlando as regras, rompendo com procedimentos formais. Quantos empregados, hoje, precisam fechar os olhos para as violações dos procedimentos formais para conseguir que as coisas sejam feitas? Para serem realizadores, negociadores, eliminadores de burocracias e empreendedores, eles precisam jogar fora a burocracia. (Toffler, 1990, pp. 200-201)

A globalização requer uma renovação nos paradigmas da comunicação organizacional, um caminhar lado a lado das novas ferramentas de produção e administração adotadas pelas empresas, encontrando uma forma de falar a mesma linguagem de gerenciamento que substitua as formas tradicionais.

O agente transformador da nova situação é a moderna tecnologia da informação. "A tecnologia da informação age como um capacitador, permitindo às organizações realizar o trabalho de formas radicalmente diferentes", segundo afirma Toffler. Essas novas tecnologias afetam os paradigmas tradicionais da comunicação empresarial, exigindo que fosse recontextualizada à luz das mudanças.

Esse novo panorama exige total reconsideração da comunicação empresarial, tanto para públicos internos como externos, pois as "parcerias" e a "terceirização" também alteraram as formas de entendimento entre a empresa e seus públicos de relacionamento prioritário e direto. Mas, para os profissionais da comunicação, existe um grande desafio: conhecer em profundidade o impacto das mudanças, das novas ferramentas de informação e comunicação, estudar suas implicações e consequências, para poderem traçar novos caminhos para a comunicação empresarial, que passou a exigir novas técnicas e formas de transmissão de mensagens, diferentes dos padrões existentes.

Repensar a Comunicação

Sem dúvida alguma, diante do impacto das mudanças nas relações organização/colaboradores, a comunicação precisa ser repensada, definindo-se com clareza e objetividade seu papel dentro dos demais processos transformadores das organizações e dos seus relacionamentos com os públicos de interesse. Como a empresa abandonou as práticas menos produtivas, da mesma forma devem ser abandonados os paradigmas tradicionais da comunicação, questionando-os à luz de cada processo de mudança, perguntando, por exemplo:

Qual é a visão que a organização tem da comunicação?
Qual é a missão da comunicação na empresa e fora dela?
Com que finalidade a empresa desenvolve o processo de comunicação?
Quais são os pressupostos da comunicação empresarial?
Que políticas de ação devem ser estabelecidas?
Que valores e crenças devem ser veiculados?
Como a comunicação deve enfrentar o cenário das mudanças?
Qual deve ser a mídia adequada para atingir os objetivos da comunicação?
Que novas estratégias de comunicação devem ser estabelecidas?
Como traduzir os novos conceitos de forma a serem compreendidos pelos colaboradores?
Como discutir com os empregados os problemas que os afetam?
Como manter um processo de comunicação sem a censura administrativa?
Como elaborar e implantar um programa unificado de comunicação?

É preciso estabelecer com clareza qual deve ser o papel estratégico da comunicação dentro da nova realidade empresarial, que sempre foi acompanhada de perto pelo setor de Recursos Humanos, responsável primeiro pela comunicação interna. Repensar a comunicação significa conhecer as ideias que influenciam a comunidade interna, como ela reage diante das mudanças e como interpreta os novos posicionamentos organizacionais e principalmente sua declaração de missão, visão e valores. Em três pesquisas apresentadas nessa obra sobre a influência da mídia-revista no setor de recursos humanos, pode-se identificar as principais ideias que devem ser consideradas no estudo e na implantação de um novo paradigma da comunicação organizacional como fator estratégico.

Repensar a comunicação significa ainda rever a linha editorial que conduz a comunicação da empresa. Os temas levantados sugerem que a comunicação com os empregados precisa levar em consideração que se eles mudaram, o paradigma comunicacional não pode se manter como no passado; precisa ser renovado para atender à nova situação da convivência interna da empresa. Não se pode mais manter um sistema de informação que se limita a repetir, como se fosse uma crônica, fatos já passados e que não possa discutir os conflitos da organização. A inventividade deve ser introduzida na comunicação com os colaboradores, pois esperam diariamente notícias "quentes" sobre operações empresariais, volume de vendas, novos negócios e resultados financeiros obtidos, por exemplo. Os comunicadores, para serem bem-sucedidos, devem conhecer com maior profundidade o público interno para o qual dirigem suas mensagens, sem se esquecerem de fazer amplo uso das novas ferramentas de informação e comunicação: internet, intranet, redes sociais digitais. Elas exigem que os comunicadores não só as conheçam, mas dominem sua tecnologia e seu uso. Os públicos não são mais passivos, produzem seus próprios conteúdos e podem questionar o posicionamento da organização a qualquer tempo, com o poder de expor sua reputação de maneira positiva ou negativa internacionalmente.

Capítulo 2

A Importância da Comunicação em Recursos Humanos

A rapidez das mudanças alterou e continua alterando as estruturas empresariais na busca de produtividade, lucratividade, qualidade e de novas formas de atendimento ao cliente. Os processos graduais de melhorias impostos pelo Gerenciamento da Qualidade Total, da gestão pelo conhecimento e pela governança corporativa tornaram-se mais ambiciosos e dedicados à comunicação como valor estratégico. Com efeito,

> *não obstante todo o progresso tecnológico, deve-se levar em conta uma verdade fundamental. O homem, para produzir e sobreviver, necessita da comunicação. Comunicar-se com seu semelhante está na base de qualquer relacionamento humano. E mais: quanto maior for o entendimento entre as pessoas, maior será o bem-estar entre elas* (Leite, 2003).

Importância da Comunicação nas Empresas

No passado, não se dava muita importância à comunicação empresarial. O desenvolvimento das organizações e as reestruturações que foram obrigadas a fazer para atualizarem suas estruturas obrigaram-nas a criar um processo estratégico de comunicação para melhorar os relacionamentos com seus colaboradores. A comunicação, até então relegada a segundo plano, assumiu posição significativa nas relações da organização com todos os seus públicos. Passou a ser considerada instrumento importante de informação e de motivação dos empregados na execução de seus trabalhos. A partir desse posicionamento, buscou-se incrementar a reestruturação ou a criação dos departamentos de comunicação, abrindo-se espaço para o trabalho de profissionais especializados, sobretudo jornalistas e relações-públicas. O professor Wilson da Costa Bueno (2003, p. 33) descreve essa situação nos seguintes termos:

> *A comunicação empresarial evoluiu de seu estágio embrionário, em que se definia como mero acessório, para assumir, agora, uma função relevante na política negocial das empresas. Deixa, portanto, de ser atividade que se descarta ou se relega a segundo plano, em momentos de crise e de carência de recursos, para se firmar como insumo estratégico, de que uma empresa ou uma entidade lança mão para "fidelizar" clientes, sensibilizar multiplicadores de opinião ou interagir com a comunidade.*

Essa crescente importância da comunicação tornou-se ainda mais significativa considerando a influência da globalização nos comportamentos organizacionais, que levaram a comunicação a ser considerada parte integrante do planejamento estratégico, das relações da empresa com o mercado. É o próprio Bueno (2003, p. 15) quem ressalta esse aspecto:

> *A comunicação como inteligência empresarial não pode fazer concessão ao improviso. Apoia-se em metodologias, em pesquisas, em desenvolvimento de teorias e conceitos a serem aplicados a novas situações; apoia-se, sobretudo, na necessidade imperiosa de dotar a comunicação de um novo perfil: a passagem real do tático para o estratégico.*

Considerada sob o aspecto estratégico de "inteligência empresarial", que torna conscientes os relacionamentos da organização com seus públicos, a comunicação evoluiu em suas formas e aumentou suas possibilidades de contribuir para que qualquer organização atinja o objetivo de manter permanentemente seu público interno bem informado. José Carlos Figueiredo e Vera Giangrande (1999, p. 89), ao analisarem a mudança de feição das empresas, assim se expressam sobre as novas modalidades da comunicação:

> *Os modernos processos de comunicação em fase de instalação na maioria das empresas do mundo atual oferecem milhares de funções que retratam e refazem os processos tradicionais. Tanto faz se a empresa é do ramo metalúrgico, de alimentos, de telecomunicações ou de varejo, os modernos sistemas estruturados em bancos de dados incorporam uma amplitude muito extensa de módulos adaptáveis a qualquer segmento. O grande diferencial dos modernos sistemas de comunicação é atualizar de forma simultânea alterações feitas na base de dados, não importando se a informação aparece em dezenas de aplicações diferentes, colocadas em continentes opostos. Eles resistem às manipulações, mantendo-se teimosamente fiéis à realidade da organização.*

Para a criação de um programa estratégico de comunicação que atinja todos os membros de uma organização, dois fatores devem estar presentes: a clareza e a transparência. Essas características contribuem para definir as mensagens de forma programada, de modo a aumentar o nível de consciência dos públicos e o acerto de todo o processo. Sobre esse tema, Euclydes Barbulho (2001, p. 106) observa:

> *Quem se une a um grupo de trabalho que possui, transmite e recebe informações claras, transparentes e confiáveis – atuará com muito mais probabilidade de acerto no desempenho de suas funções.*
>
> *Infelizmente, ainda não são muitas as empresas que possuem um plano de comunicação adequado, que abranja toda sua equipe de trabalho e que transmita, por exemplo, o planejamento estratégico, desde o colaborador de nível produtivo até o executivo de maior nível hierárquico, e que funcione com a maior transparência possível.*

Como em qualquer processo bem estruturado dentro da organização, suas lideranças precisam conhecê-lo para poder estimular a participação dos públicos internos. Figueiredo (1999, p. 100) chama a atenção sobre essa temática e sua ligação com a comunicação:

> *Uma das características dos líderes empresariais é saber exatamente como processar a comunicação com seus públicos internos e externos e, ao mesmo tempo, como ser firmes com seus colaboradores, saber estimulá-los para realmente participarem da empresa.*

> *O processo de comunicação empresarial, quando bem executado, surte efeito e provoca reações positivas tanto na comunidade interna quanto na externa.*

As análises feitas demonstram que a comunicação ganhou importância significativa nas organizações. Nessa perspectiva, ficou evidente que a comunicação empresarial tem uma missão própria a cumprir para manter os funcionários informados e motivados quanto ao seu trabalho, de modo a contribuir para o desenvolvimento da organização. Os modernos recursos da tecnologia como a internet e a intranet vieram facilitar a interação organização-colaboradores pela possibilidade de se fazer uma comunicação online, e dessa forma aumentar sua eficácia, evitando-se os inconvenientes da comunicação informal.

Comunicação e Recursos Humanos

As transformações da organização afetaram diretamente o setor de Recursos Humanos, que se viu, de repente, responsável pela adoção de um processo de comunicação capaz de fazer frente às novas necessidades do inter-relacionamento da organização com os públicos de interesse imediato. O fato em si não representava novidade para o setor de RH, pois, desde as primeiras tentativas de se estabelecer uma linha efetiva de comunicação interna, coube a ele cuidar dos relacionamentos da organização com seus colaboradores e criar as peças de comunicação necessárias para o bom entendimento com empregados.

Reforce-se que a comunicação empresarial projetou-se sempre como uma das atividades dos departamentos de Recursos Humanos. Antes dos programas dos comunicadores, que se apresentam como última palavra na comunicação das empresas, nem sempre apresentando resultados positivos, os profissionais de RH já se dedicavam a transmitir informações para os empregados, utilizando uma multiplicidade de instrumentos (mídia) para atingirem seus objetivos. Além dos processos de recrutamento e seleção de pessoal, esse setor desenvolvia os modelos de informação necessários para manter ativa a interação da organização com seus empregados. Esses modelos incluíam: a criação e a edição de manuais de empregados, a descrição de cargos, a elaboração de normas e procedimentos, o desenvolvimento de programas de integração, a realização de festas de confraternização, a edição de jornais e boletins internos. O treinamento de pessoal era e continua sendo outra grande responsabilidade do setor, caracterizado pela comunicação face a face, o que sempre representou uma forma eficaz de interação pessoal.

Muitas vezes faltava às equipes de Recursos Humanos o preparo técnico para o emprego correto das mídias – por exemplo, saber como produzir um jornal, um boletim. Não obstante isso, comunicava-se de maneira eficaz porque seu ponto forte era manter contato direto com os empregados e desenvolver a interação de todos dentro da organização.

As mudanças de cenário levaram as empresas a valorizar a comunicação como ferramenta estratégica de gestão, a praticá-la de maneira profissional e a investir no desenvolvimento de processos capazes de atender às expectativas de seus públicos. Grande parte das empresas criou um setor de Comunicação, passou a contratar profissionais de Jornalismo, Relações Públicas, Marketing, e até de outras habilitações; mas o setor de Recursos Humanos mantém boa parte do controle da comunicação empresarial, principalmente pelo exercício da comunicação administrativa destinada a normatizar os procedimentos internos, como a descrição de cargos, as formas de disciplinamento do comportamento dos funcionários, bem como da promoção de eventos próprios do setor, como seminários, encontros e festas de confraternização.

O novo cenário da comunicação organizacional, incluindo nesse conceito a comunicação gerenciada por RH, encontra-se na pesquisa realizada, em 2002, pela Aberje – Associação Brasileira de Comunicação Empresarial *(www.aberje.com.br)*. O valor dessa pesquisa está na sua amostra, que reúne 100 das 500 maiores empresas do país analisadas na publicação "Maiores e Melhores" da revista *Exame*. Juntas elas empregam mais de 800 mil funcionários e os grupos às quais pertencem faturaram, no ano de 2001, acima de 170 bilhões de dólares. Participaram da amostra 58 indústrias, nove empresas do ramo do comércio e 36 empresas prestadoras de serviços, sendo algumas delas classificadas em mais de um ramo de atuação. Em relação à composição do capital, 56 são de capital estrangeiro, 42 de capital nacional e duas de capital misto (nacional e estrangeiro). Compõem a amostra 38 das 50 maiores indústrias do país, 24 das 50 maiores prestadoras de serviços e oito dos 10 maiores bancos.

Ao indagar quem dirige a comunicação, a pesquisa aponta, em 49% dos casos, que está sob a responsabilidade da área de Comunicação; 41% a colocam na área de Recursos Humanos; apenas 7% na área de Relações Públicas e 5% na área de Marketing.

A pesquisa indica que 82% das empresas aumentaram de forma substancial os investimentos na comunicação interna nos últimos cinco anos. O dado preocupante é que 71% dos entrevistados consideram que ela atende parcialmente às necessidades de informação das empresas. Não existe, portanto, relação entre aumento de investimentos e eficácia da comunicação, pois até nas empresas que mais investem nesse processo existe a percepção de que a comunicação desenvolvida atualmente não atende completamente às necessidades dos colaboradores.

A ineficácia da comunicação, verificada na pesquisa, comprova que não bastam a criatividade e a multiplicação dos instrumentos, com *layouts* atraentes e edições coloridas, para que seja eficaz. É preciso haver algo mais, por exemplo, o contato direto com as pessoas como a área de Recursos Humanos sempre praticou. O fato de 41% dos entrevistados considerarem a comunicação como uma das responsabilidades de Recursos Humanos talvez possa ser explicado, porque esse departamento conhece com mais precisão e profundidade o público interno e seus interesses. Além disso, a comunicação é inerente à constituição desse setor como a primeira área diretamente ligada aos empregados, desde o momento de sua admissão, das etapas de sua integração na empresa e até a sua demissão.

Se o setor de Recursos Humanos leva essa vantagem, pode-se conjecturar que os atuais setores de Comunicação não estariam atingindo seus objetivos pelo desconhecimento mais profundo do público interno, de seus desejos, expectativas e objetivos e por trabalharem levando mais em conta o seu *feeling* e a preocupação em defender os interesses da empresa do que atender à necessidade imediata que os empregados têm de informação. Constata-se, dessa forma, que o departamento de Recursos Humanos ainda assume grande responsabilidade na comunicação interna. Como no passado, antes da chegada dos atuais comunicadores, diversas atividades da comunicação empresarial são próprias de RH, que as desenvolve hoje como no passado.

Pesquisas recentes da Databerje dão conta de que em 35,4% das empresas já existe uma diretoria para cuidar da comunicação, sobretudo interna. Os responsáveis pela condução da comunicação eram, em 2002, jornalistas (54%). De 2005 a 2007 aumentou o número de profissionais de Relações Públicas nessa área, passando de 15,4% para 22%. Em 53% dos casos os dirigentes da comunicação interna são da área da Comunicação e de Relações Públicas, mas, em 40% das companhias, a responsabilidade da comunicação é do departamento de Recursos Humanos. Outro dado mostra a evolução do setor: de 2005 a 2008 houve um aumento de 6,9% da criação de áreas de Comunicação, mas, em 3% dos casos, esse setor transmigrou para as áreas de assuntos corporativos/institucionais/governamentais; em alguns casos, 2,4%, para a presidência. Os postos de Comunicação são predominantemente ocupados por mulheres (76,2%), mas os cargos diretivos estão ainda sob a condução de homens.

Atribuições de Recursos Humanos na Comunicação Interna

A comunicação de Recursos Humanos é a que está envolvida com o público interno, dedicada aos aspectos administrativos do pessoal e ao disciplinamento de seu comportamento na empresa. Tem por referência o relacionamento com a hierarquia da organização, a elaboração de normas e de procedimentos internos e a prática da legislação trabalhista. Caracteriza-se, dessa maneira, como um processo formal e legalista no relacionamento com os públicos internos.

A comunicação, por sua natureza, representa um processo técnico que, para ser bem sucedido, necessita de uma estrutura adequada para transmitir as mensagens desejadas e atingir seus objetivos. Dentro da empresa, podem-se distinguir diferentes atividades de comunicação, como atribuição prioritária do setor de Recursos Humanos.

Ao contrário da comunicação unilateral, pouco eficaz, veiculada pela mídia interna (jornais, boletins, folhetos), a comunicação desenvolvida por RH é de natureza bilateral, isto é, interativa, mantendo contato direto com os empregados por meio de entrevistas, treinamentos, palestras, reuniões de estudo, encontros e outras formas de acompanhamento e avaliação dos empregados. Nesse sentido, mostra-se muito mais eficaz do que o aparato da comunicação utilizado pelos novos comunicadores. Embora a produção de muitos veículos internos tenha passado para a responsabilidade de outros departamentos, por exemplo, de Comunicação ou de Marketing, o setor de RH continua tendo papel relevante na comunicação interna da organização.

A esta altura, cabe uma verificação crítica dos erros e acertos do setor de RH na prática da comunicação com os empregados. É importante ressaltar que se deve a esse setor o padrão básico do jornal de empresa, que continua sendo reproduzido por comunicadores que procuraram as empresas como nova opção de trabalho. Todos conhecem o jornalzinho com a pauta dos *hobbies* de empregados, de aniversários da companhia, nascimentos, casamentos, fotos de recém nascidos, batizados, poesias, cruzadinhas, colunas como "Perfil – quem é você?", "Você sabia?", "O que faz nosso departamento...". Quem disse que o jornal interno deveria ser assim? Quem o introduziu dessa maneira não era formado em Comunicação, mas o modelo ainda inspira especialistas da Comunicação.

Vários fatores impediram que o setor de RH obtivesse maior êxito no exercício da comunicação interna. O primeiro, a falta de preparo profissional, o que levou à prática de um processo improvisado de comunicação. Em segundo lugar, a falta de um planejamento ordenado, consistente e estratégico de comunicação, considerando a empresa de forma global. Em terceiro lugar, outro obstáculo à interação comunicativa do setor deveu-se ao cumprimento rigoroso dos procedimentos da empresa e da legislação trabalhista, tornando sua comunicação fria e legalista. A gestão centralizada e tradicional do setor de RH, ligada à hierarquia estabelecida, tornou-a conformista e conservadora na defesa dos princípios e da cultura da organização. Afinal, em quarto lugar, deve-se considerar a falta de preparo sobre o tratamento editorial da comunicação, o que conduziu muitas vezes o setor a falhas e à falta de qualidade das peças produzidas, de caráter institucional ou não.

Preocupada com o cumprimento de normas e leis, a área de RH concentrou muito sua atenção no disciplinamento, nos fatos impositivos, nas obrigações que o empregado deveria executar com fidelidade para poder pertencer àquela organização, caso contrário, poderia ser punido. Frases comuns empregadas por antigos gerentes de RH soavam com enfoque ritualista e legalista: *"Aqui é assim, se não concordar, é só pedir a conta; se não quiser cumprir o regulamento, a porta está aberta!"* A letra mata, diz a Bíblia. Esse contexto demonstra também, com transparência, que todo esforço comunicativo de Recursos Humanos permaneceu aquém das necessidades de informação dos empregados. Essa comunicação ritual não se preocupava em explicar a razão da ação, do que deveria ser feito. Não esclarecia as razões dos disciplinamentos, daí os muitos conflitos por ela gerados. Nos empregados ficava, portanto, a sensação de impotência diante da autoridade. Precisavam trabalhar, executar as suas tarefas mesmo sem saber as razões que os deveriam conduzir a uma melhor desempenho. Nessa visão tradicional, o empregado não precisava entender, mas fazer. Com essa mentalidade, é claro ainda que nessa comunicação não existia a preocupação com a visão global da empresa, dos seus relacionamentos, nem com as inter-relações positivas com os demais departamentos. Essa imperícia da comunicação de RH pode até ser arrolada como uma das responsáveis, muitas vezes, pela desmotivação dos empregados e por seu pouco empenho na execução de suas tarefas. Mas, não se verifica hoje a mesma imperícia nos novos departamentos de Comunicação.

Em resumo, as características da comunicação de Recursos Humanos estão muito mais ligadas à comunicação administrativa e têm, como ela, as seguintes características:

Características da comunicação em Recursos Humanos

Hierarquizada	Fundamentada no detentor do poder e nos seus prepostos. *Modelo:* eu mando, você obedece.
Legalista	Baseada na legislação trabalhista, nos deveres dos empregados. *Modelo:* reforça o processo hierárquico. Objetivo: cumprir a lei.
Normativa	Segue normas e procedimentos, rotinas da organização, manuais para empregados. *Modelo:* conheça seus deveres e cumpra-os.
Impositiva / Mandatória	Estrutura da comunicação visa atingir os objetivos, metas da empresa e que todos executem suas funções. *Modelo:* vista a camisa e dê tudo de si pela empresa.
Fria e Impessoal	Não alimenta expectativas dos empregados, nem permite sua participação nos processos administrativos. *Modelo:* faça o seu trabalho e não reclame, ou, se não estiver satisfeito..., rua.
Omissa e Incompleta	Diz o que fazer, mas não como e por que fazer. *Modelo:* sua função é fazer e não pedir explicações.
Objetivos	• fazer cumprir tarefas; • disciplinar o trabalho; • disciplinar o comportamento; • estabelecer o conformismo.
Sem Qualidade	Não parte de uma filosofia humanista, mas legalista; não envolve a pessoa e as equipes. Não é um processo, mas uma norma. Sem visão e sem planejamento estratégico. Com objetivos difusos... Desmotivadora.

Essa análise crítica refere-se naturalmente a um modelo antiquado da gestão de RH; mas, apesar das falhas, o setor se desempenhou muito bem na produção de peças informativas e não apenas administrativas da comunicação formal, como se pode ver nos seguintes pontos representativos do êxito da comunicação da área de RH.

1. Comunicação administrativa

Essa comunicação constitui a base da ação de RH; utiliza vários instrumentos para atingir seus objetivos:

a) Arcabouço legal. A partir desse aspecto, a comunicação administrativa fundamenta-se, inicialmente, na *Consolidação das Leis do Trabalho* – CLT e nas *Normas e Procedimentos Empresariais*. Trata das normas jurídicas da interação empregado-empresa, de seus direitos, deveres e das vantagens que têm pela concessão dos benefícios trabalhistas. Dedica-se também ao disciplinamento dos comportamentos internos dos empregados por meio da descrição de cargos. Pode ser assim definida:

> A comunicação administrativa é a que está envolvida com o público interno, dedicada aos aspectos administrativos do pessoal e ao disciplinamento de seu comportamento na empresa, fundamentada sempre na hierarquia estabelecida pelas normas e pelos procedimentos da empresa e pela legislação trabalhista, caracterizando-se por ser formal, legalista e impositiva.

b) As *Normas e Procedimentos Gerais* da organização representam importante atribuição de Recursos Humanos. Por meio delas é que são estabelecidos as descrições de cargos, os padrões de atividades e os preceitos que devem ser seguidos por todos a bem da disciplina interna e do desenvolvimento da empresa.

c) O *Manual do Empregado* representa responsabilidade tradicional de Recursos Humanos. Seu objetivo é mostrar ao recém-admitido o que é a organização, sua história, como é administrada, quem são seus dirigentes e como funciona no seu dia a dia. Traz os princípios éticos e explica a visão, a missão e os valores da empresa. Relaciona os direitos e os deveres dos empregados, explica a forma de remuneração, as normas de segurança, os benefícios oferecidos, além de outras informações úteis ao desempenho do empregado, como formas de treinamento e aquisição de bolsas de estudo.

2. Programas interativos de comunicação

a) *Programas de Integração de Novos Empregados.* Essa atividade caracterizou-se sempre como específica de Recursos Humanos. Seu objetivo é receber os novos funcionários e lhes dar todas as informações necessárias para que conheçam bem a organização na qual vão trabalhar e também seus direitos e deveres. O programa é feito por meio de treinamentos, palestras, discussões em grupo, projeção de vídeos institucionais e visitas às instalações da empresa. A finalidade principal é fazer com que os novos empregados se sintam parte de uma comunidade, e não estranhos dentro dela. Nesse treinamento recebem o *Manual dos Empregados,* folhetos institucionais, peças sobre produtos e serviços prestados pela organização. Esse programa é também chamado de "indução" (*indoctrination,* doutrinação) em empresas americanas, e pode durar de uma a duas semanas ou por mais tempo.

b) *Programas de Treinamento.* É por meio do treinamento que o setor de Recursos Humanos exerce grande influência nos destinos do pessoal e das organizações. Por esse recurso é que os empregados se aperfeiçoam no conhecimento de suas funções e na comunicação interpessoal. É ainda nas reuniões de treinamento que os empregados mantêm contato direto com seus dirigentes, chamados para discorrer sobre as técnicas e características de suas respectivas áreas de trabalho.

3. Publicações

Antes da introdução de comunicadores nas organizações, cabia a Recursos Humanos a edição das publicações internas – jornais, boletins, jornal mural ou de parede. Muitas empresas ainda mantêm sob a responsabilidade de RH essas tarefas, e outras, como produção de comunicados, quadros de avisos e até *Carta do Presidente,* ou encontros chamados de *Conversa com o Presidente, Café com o Presidente.* Entram ainda neste rol memorandos, boletins e circulares dirigidos aos empregados.

4. Promoção de campanhas internas

São comuns as campanhas internas promovidas para diversos fins, por exemplo, campanhas de segurança, contra o desperdício, de limpeza e outras.

Destacam-se entre essas campanhas a criação de concursos internos e da "Caixa (ou Programa) de Sugestões". Essa atividade tem por objetivo fazer com que empregados se sintam motivados a participar da vida da empresa, colaborando com ela na melhoria de seus projetos, instalações e na execução de suas atividades. Em geral, essa promoção conta com regulamento próprio e também concede prêmios a quem a eles fizer jus pela aprovação ou implantação de suas sugestões.

5. Promoção de eventos internos

Uma das tradicionais formas de interação da área de Recursos Humanos com os colaboradores é a promoção de eventos internos, como festas de confraternização, distribuição de cestas de Natal, promoção de eventos culturais e esportivos, participação em eventos comunitários, visitas de familiares à empresa e em comemorações que fazem parte da cultura da organização. Em alguns casos, o setor promove também a realização de *show room* para exibição de produtos, como forma de demonstrar aos empregados o que a empresa faz e de motivá-los a um melhor desempenho.

6. Pesquisas internas

Uma prática comum no setor de RH é a realização de pesquisas internas sobre o seu trabalho, mas, principalmente, de levantamentos mais profundos sobre "expectativas" dos empregados, de "clima organizacional", de comunicação e de imagem interna. O objetivo dessas pesquisas é analisar o cenário interno e captar o que vem caracterizando o comportamento dos empregados e o nível de suas expectativas e satisfação em relação à empresa.

7. Uso de recursos da tecnologia atual

Outras formas encontradas por RH para manter a interatividade da comunicação interna, principalmente dos empregados com seus dirigentes, são os recursos da linha telefônica aberta, que recebe as denominações de *hot line*, *help line* e, em alguns casos, *Fale com o Presidente* e o uso da comunicação *on-line* pela criação da intranet.

A linha telefônica aberta é um excelente meio de comunicação para os empregados, pois lhes dá oportunidade de expressar suas preocupações, expectativas ou críticas, quando não encontram outros meios para isso. Qualquer empregado, identificando-se, pode deixar sua mensagem gravada em uma central receptora. As reclamações e os questionamentos são analisados e respondidos por uma equipe responsável pelo atendimento aos empregados, sendo, às vezes, até premiados.

Esses recursos tradicionais foram superados pela chegada da internet e da intranet, que passaram a permitir uma comunicação muito mais rica, imediata, reforçando a interatividade entre trabalhadores e dirigentes, bem como entre os departamentos da organização pela rede interna de computadores, o que permitiu a entrada das redes sociais digitais dentro da organização.

Essas mídias afetam diretamente a comunicação organizacional e o relacionamento da empresa com seus diferentes públicos. São novas ferramentas e métodos de comunicação, chamados de "novas mídias", que diferem dos instrumentos tradicionais, empregados passivamente pela organização, que representavam uma comunicação formal sem retorno. As mídias digitais são hoje do conhecimento dos públicos e não representam monopólio de jornalistas, publicitários, relações públicas, nem da área de RH, de comunicação ou das próprias organizações. São formas inovadoras de transmissão imediata de informações. Exigem novo posicionamento dos comunicadores e já substituem em grande parte as mídias tradicionais.

Caracterizam-se por transmissão imediata de informação, uso de novas formas de expressão, novas linguagens, novas possibilidades dadas aos públicos que se tornaram ativos, inclusive, como produtores de conteúdos, que podem com facilidade questionar os procedimentos da organização. Trata-se de uma comunicação em tempo real do local de trabalho com o mundo virtual.

Os gestores de RH precisam urgentemente conhecer esses novos recursos, saber lidar com eles para se tornarem gestores dessas mídias digitais em benefício de seu trabalho. As mídias digitais incluem: plataformas e ferramentais sociais, *blogs, Twitter, LinkedIn, Facebook, Orkut, podcasts, wikis, chat room*, interfaces gráficas, textos, portais, *sites* da internet, rede da intranet etc., que já estão sendo utilizados com sucesso em muitas organizações e em programas culturais como educação a distância.

O profissional de Comunicação, hoje, para poder responder ao que se exige dele, necessita fazer uso adequado das mídias digitais sociais, pois já representam uma das formas mais frequentes e proativas de divulgação instantânea das informações organizacionais. Ligam-se a essas redes o sistema de comunicação móvel, como celulares, filmadoras, smartphones, instrumentos cada vez mais sofisticados e de grande alcance à disposição de todos.

Trata-se, portanto, de nova realidade que precisa ser enfrentada com coragem pelo setor de RH, acreditando na sua força e na sua dominância crescente.

Já existem empresas que introduziram alguns recursos das redes sociais em sua comunicação e até os utilizam como forma de manter um sistema aberto de troca de conhecimentos entre a organização e seus colaboradores. Deve-se lembrar que ainda existem restrições por parte de muitas organizações quanto ao uso dessas redes sociais, seja pelo tempo em que as pessoas se dedicam a elas em detrimento do trabalho, seja pela diminuição da privacidade, ou seja, pelo aumento da exposição da organização a inúmeras audiências, tornando-a muito mais vulnerável ou colocando em jogo sua reputação. Algumas empresas as controlam com rigor e até proíbem que sejam acessadas pelos trabalhadores. Outras criaram um "manual" que orienta o que pode e não pode ser feito pelos colaboradores, autorizando seu uso controlado.

Outra questão ligada ao uso dessas ferramentas é se a organização tem ou não o poder de controlar as mensagens transmitidas por seus funcionários, o que implica até problemas com a legislação trabalhista.

Essas ferramentas exigem que a organização crie equipes técnicas e editoriais especializadas para a sua execução e que contem com normas claras sobre o que pode ou não ser divulgado por meio delas, sem esquecer a necessária alocação de recursos para que possam funcionar. O ideal é que neste cenário os setores de RH e de comunicação trabalhem em estreita parceria para evitar a superposição de pessoas encarregadas das mesmas funções e a divulgação de mensagens que possam vir a prejudicar a reputação da organização.

8. Relações de Recursos Humanos com os profissionais da mídia na empresa

Nos dias de hoje, é preciso analisar os tipos de relações ou conflitos que podem existir entre o setor de RH e os comunicadores (jornalistas, relações-públicas, consultores) vindos de fora. A responsabilidade pioneira da comunicação interna sempre foi originariamente do setor de RH. O desenvolvimento organizacional, as reestruturações, a introdução de novas técnicas de produção e a necessidade de se enfrentar uma concorrência cada vez mais aguerrida fizeram com que as organizações começassem a estruturar de maneira mais apurada seu setor de Comunicação, embora, até o presente, muitas organizações, até de grande porte, não se preocupam com a instalação de um setor de Comunicação ou de Relações Públicas.

A contratação de outros profissionais para a área de Comunicação baseou-se na alegação de que poderiam fazer um trabalho melhor do que o desempenhado pelo setor de RH porque eram especializados no ramo. De início as organizações não dispunham de departamentos de Comunicação, nem de Relações Públicas. Ao serem admitidos, esses novos profissionais procuraram estruturar suas áreas e suas programações, interferindo de alguma forma no setor de RH, retirando dele algumas de suas atribuições, por exemplo, a publicação do jornal interno e a distribuição de cestas de Natal, sob a alegação de que estavam invadindo suas áreas, quando, na verdade, eram eles os invasores. Esses fatos geraram conflitos que, aos poucos, foram se ajustando, mas nem todas as organizações seguiram o que se tornou comum – a contratação de profissionais da Mídia, preferindo manter ou devolver ao setor de Recursos Humanos a responsabilidade da comunicação interna.

Essa situação tornou-se inevitável diante do desenvolvimento das atuais tecnologias da comunicação que exigem o trabalho especializado, mas pode haver bom entendimento entre RH e os novos comunicadores, definindo-se com clareza os diversos passos dessa relação, como demonstrado no quadro abaixo:

Parceria: Comunicadores e Recursos Humanos

É preciso:
1. Definir com clareza o campo de ação de cada setor.
2. Definir os veículos que serão desenvolvidos por Recursos Humanos e pelos novos comunicadores.
3. Reconhecer que os profissionais de Recursos Humanos não têm formação específica na área da produção de mídia impressa e eletrônica (jornalismo, relações públicas, editoração etc.).
4. Reconhecer que os comunicadores não têm preparo formal para assumir atividades específicas de RH.
5. Respeitar o trabalho pioneiro de Recursos Humanos na execução da comunicação interna, deixando que este setor continue a cuidar das tarefas de comunicação próprias de sua área, auxiliando-o na elaboração de seus projetos direcionados à administração de pessoal (manuais de empregados, treinamentos, entrega de cestas de Natal, pesquisas de expectativas e de clima organizacional, por exemplo).
6. Estabelecer parcerias entre as áreas para que o processo estratégico de comunicação seja planejado de comum acordo, unificado, para atingir os objetivos da organização e surtir os resultados programados.

A viabilidade dessa proposta pode ser verificada nas *Diretrizes da Comunicação Organizacional*, no Capítulo 9 desta obra.

Capítulo 3

A Comunicação Dirigida e a Mídia Empresarial

Públicos Empresariais, Comunicação Dirigida e Mídia

A abordagem da comunicação organizacional focaliza a presença da comunicação em todas as atividades da empresa e afirma que ela influencia no desempenho da organização, podendo até afetar a sua produtividade. Quando se trata de definir exatamente o que é esta comunicação e o seu papel preciso, os autores divergem e se perdem em denominações como "comunicação empresarial", "organizacional", "institucional", que se subdividem em comunicação com públicos internos, externos, e em outras modalidades. Como os instrumentos utilizados na transmissão de mensagens são de amplo espectro, e muitos eletrônicos e impressos, em busca da eficácia da comunicação costuma-se delimitar o seu campo e uso no que passou a ser chamado de comunicação dirigida. Essa forma de comunicação é caracterizada pela transmissão de mensagens a um público específico ou a um segmento interno ou externo, e, por isso mesmo, pode ser considerada mais eficaz. O setor de Recursos Humanos foi pioneiro na utilização dos multimeios e do direcionamento da comunicação para os empregados; por isso, este capítulo tenta demonstrar os tipos e as características do trabalho de comunicação aplicada pela área de Recursos Humanos e outros conceitos destinados a seu aperfeiçoamento diante das novas exigências da inter-relação empresa-empregados e, ao mesmo tempo, estabelecer um paradigma de comunicação dirigida que permita a parceria entre RH e Comunicação.

Embora muitos contestem o conceito de comunicação dirigida e digam que toda comunicação é, por natureza, dirigida, Alvin Toffler, falando sobre os requisitos da comunicação da "terceira onda", coloca a comunicação por segmento, ou dirigida, como a sucessora da comunicação dominada pelos meios de massa da "segunda onda".

Deixando à parte discussões, pode-se afirmar que o papel do comunicador de RH na comunicação organizacional, enquanto dirigida a segmentos de públicos, é fundamental para que o projeto de comunicação atinja, de fato, os públicos empresariais. Intimamente ligada à comunicação, a mídia empresarial sempre se destacou pelo uso de multimeios, sempre voltados para a necessidade básica de levar aos públicos internos as informações de que necessitam.

Definição e Importância da Comunicação Dirigida

A comunicação dirigida, como focalizada nesta obra, é a ordenação do direcionamento de mensagens especiais, adequadas a segmentos específicos de um ou mais públicos, por meio de mídia selecionada e predeterminada, para garantir o acolhimento da mensagem e sua eficácia na opinião desses públicos pela comprovação estatística de seus resultados.

A predominância da comunicação dirigida nos dias de hoje como instrumento eficaz de boa comunicação é uma realidade e uma tendência.

Por suas características, representa a melhor forma de se introduzir, de modo efetivo, a qualidade na comunicação organizacional, porque atinge diretamente os públicos prioritários da empresa e exige um processo estruturado na sua implantação. Esse conceito está contido no termo maior – comunicação.

O vocábulo "dirigida" indica a espécie de comunicação que utilizamos, cujo objetivo específico é ser direcionada para um segmento específico do público para o qual determinada mensagem é mais apropriada. O direcionamento da mídia – formas de comunicação por via oral, escrita, eletrônica, impressa – é um dos fatores condicionantes do êxito da comunicação. Há princípios primordiais que devem ser considerados no estabelecimento de um processo eficaz de comunicação dirigida, tanto pelo setor de RH como pelos jornalistas e relações-públicas dos departamentos de Comunicação.

Diretrizes da comunicação dirigida

- Para se fazer boa comunicação precisa-se, em primeiro lugar, ter uma mensagem a ser transmitida. Esta mensagem é previamente escolhida e selecionada para um determinado tipo de público.
- A remessa de uma determinada mensagem só será eficaz e só terá efeito controlável se tivermos um objetivo concreto para a sua transmissão.
- Toda mensagem, para ser bem recebida, deve ser adequada ao público a que se destina e ao seu contexto existencial.
- A eficiência da mensagem mede-se pelo nível de sua compreensão e pelas reações provocadas no público-alvo.

Os atributos próprios e específicos da comunicação dirigida e que a distinguem da comunicação em geral são:

Atributos da comunicação dirigida

1. Seus objetivos são diversos da comunicação de massa, concentrados em um nível de interesse e em um segmento de público.
2. O tipo de mensagem deve ser adequado somente ao público ao qual se destina e não a um público geral, como na comunicação de massa.
3. A comunicação dirigida é objetiva e de interesse imediato, para atingir de forma rápida o seu público.
4. Nela há maior homogeneidade do público a que é direcionada – o que é feito por segmentação/individualização. Por exemplo, focaliza-se uma determinada classe social, cujas expectativas, desejos, interesses e necessidades são similares: a probabilidade de compreensão da mensagem é muito maior.
5. A mensagem da comunicação dirigida é circunscrita ao público-alvo, que foi antes pesquisado para se conhecer suas expectativas. Esse público mais homogêneo terá sistemas de referências muito mais próximos, portanto, terá maior probabilidade de compreender melhor a mensagem.
6. A seleção da mídia é criteriosa e precisa, adequada ao segmento escolhido. Por exemplo, se me dirijo a uma empresa informatizada, as mensagens deverão ser enviadas por um terminal eletrônico, utilizando o jargão coloquial desse sistema. A mídia a ser escolhida deve estar de acordo com o nível de desenvolvimento e de recursos disponíveis para o público.
7. Na comunicação dirigida é possível preestabelecer o nível de resposta esperado com maior segurança.
8. A avaliação do retorno (*feedback*) é mais precisa, podendo ser feita com maior fidelidade, por se tratar de uma só ou de reduzido número de mensagens, mais sistematizadas na sua transmissão.
9. O vocabulário utilizado também é mais adequado ao público-alvo.
10. A comunicação dirigida tem padrões próprios e trabalha com mídia pré-selecionada e mais adequada ao público a que se destina.

Características Especiais da Comunicação Dirigida

A prática da comunicação dirigida por RH apresentou-se, muitas vezes, inadequada pelo desconhecimento de técnicas fundamentais da comunicação eficaz. Como em muitas organizações cabe ainda ao setor de RH o gerenciamento do processo da comunicação interna, indica-se aqui os passos que devem ser seguidos na sua implantação.

No contexto geral da comunicação dirigida, é preciso distinguir alguns temas importantes. Em primeiro lugar, considerar a fonte da informação.

Toda mensagem parte de uma fonte, que a emite. Para ser acreditada, a fonte deve ter credibilidade. Para tanto, precisa ter ciência do que está comunicando e do alcance de sua mensagem. A fonte deve ser digna de fé, de confiança, ser verdadeira.

A empresa deve ser a *primeira fonte* de informação para seus empregados, procurando transmitir mensagens importantes, adequadas, que atendam às suas expectativas e no momento certo. Precisa também dar respostas imediatas aos conflitos ou às situações emergentes, como, por exemplo, em casos de greves ou de conflitos sindicais. Todavia, muitas vezes, as empresas têm receio em liberar certas informações – por insegurança, por falta de um projeto global de informação, ou até por desconhecimento das expectativas e das necessidades do seu público interno.

Se a empresa não sair na frente e não se posicionar como primeira fonte de informação, outras fontes levarão aos empregados informações não desejadas, que podem prejudicar muito a interação interna. Por exemplo, quando os sindicatos informam primeiro, sua comunicação pode estar distorcida, pode ser tendenciosa; e a empresa, quando resolver comunicar algo a seus empregados, já estará em posição de inferioridade, em condição desfavorável diante da informação já recebida. Os empregados julgarão que a empresa, ao liberar a informação depois do sindicato, a estará camuflando. Aqui é conveniente lembrar que a informação negativa se propaga muito mais rapidamente do que a positiva, sobretudo quando há uma expectativa muito grande em relação à recepção da comunicação.

Se a empresa perder a credibilidade perante seus empregados, terá prejuízo também em sua imagem corporativa diante desse mesmo público. Ela precisa ser transparente, conhecer os problemas internos e saber lidar com eles junto com os empregados. No caso específico, melhor seria que houvesse colaboração entre a empresa e os sindicatos, para diminuir a tensão conflituosa muitas vezes existente nesse relacionamento.

Continua sendo grande problema para as empresas a criação e a manutenção de um fluxo rápido de comunicação. A boa comunicação exige presteza na transmissão de dados e de respostas. Em geral, observa-se que os sindicatos estão mais preparados e são mais ágeis na divulgação de mensagens, o que lhes proporciona vantagens significativas na persuasão de seus filiados na defesa de suas causas. A estrutura empresarial, mesmo contando com a moderna tecnologia, é lenta com a informação, por vários motivos: seja por não contar com um projeto unificado de comunicação, nem com um setor responsável para captar e processar as informações, seja pela falta de estrutura interna, de recursos e equipamentos, seja pela necessidade de controlar a informação. Existem ainda dificuldades na coleta de dados sobre determinado assunto, além do cuidado que a empresa deve ter ao se pronunciar para evitar declarações incorretas que possam lhe ser prejudiciais. A empresa não pode ser irresponsável diante da informação. Outro fator que impede a rapidez da informação das empresas é a morosidade no processo de aprovação de mensagens, por desconhecimento das técnicas de transmissão, receios infundados e centralização do poder, fatos que atravancam, na maioria das vezes, a comunicação empresarial.

É preciso levar sempre em conta que toda vez que os empregados recebem, em primeira mão, informações que lhes dizem respeito, vindas de outras fontes como sindicatos, rádio, TV, jornal, eles se sentem descontentes e desrespeitados.

A empresa deve liderar o processo interno de comunicação, dirigindo-a de acordo com um plano específico que responda às suas necessidades. Não pode deixar a impressão de que sua comunicação está à deriva. É preciso dispor de um programa de comunicação estratégico, com objetivos claros, com definição correta das mensagens a serem transmitidas nos momentos devidos, evitando sempre apresentar informações indefinidas, confusas, de dúbia interpretação.

Todo esse contexto faz parte do processo da comunicação dirigida. Sua função, no caso, será a de identificar as situações e os problemas emergentes dentro da empresa e empregar instrumentos corretos de comunicação, para influenciar os públicos internos e externos. As vantagens desse processo concentram-se na criação de mensagens fidedignas que atendam às expectativas do seu público-alvo, como descrito no quadro a seguir:

Vantagens gerais da comunicação dirigida
• Serve para integrar vários meios de comunicação, utilizando ora um, ora outro, como forma de variar ou reforçar a transmissão da mensagem.
• A escolha dos meios adequados determina com maior probabilidade a eficácia dos resultados esperados.
• Exige especialização do comunicador e tratamento diferenciado das mensagens e do uso adequado da mídia
• Sua utilização é essencial na estratégia de informação das empresas e, quando bem ordenada, pode atingir a quase totalidade do público a que se destina.
• Seu objetivo é, portanto, criar entre os públicos uma interação participativa por meio de uma mensagem que responda às suas necessidades.
• Exige, para ser eficaz, a utilização da linguagem típica de cada veículo.
• Na comunicação dirigida é preciso ter visão e consciência do contexto empresarial, de suas atividades e de seu envolvimento com os empregados, lembrando que a empresa é um subsistema de relacionamento com seus públicos.

Uso da Comunicação Dirigida

A comunicação dirigida é selecionada, pormenorizada. Representou sempre o grande recurso das empresas na transmissão de informações, principalmente para seus colaboradores. Suas mensagens programadas podem atingir tanto os públicos internos como externos. Para o público interno diferentes veículos podem ser empregados – vídeojornal, memorando, cartas, circulares, programas de rádio, sistema de som para enviar mensagens ou incentivar os empregados a participar de programas a eles destinados, ou a intranet. Quando o público for limitado, o comunicador não irá utilizar um *outdoor* contraindicado em uma relação interna. Mas pode fazer uso de um veículo de comunicação de massa para fazer uma comunicação dirigida, de maneira pública, aos empregados. A TV, por exemplo, pode ser empregada para a veiculação de comunicados importantes, urgentes, como no caso de greves e catástrofes. O importante é saber que todas as vezes que se tiver urgência ou se quiser transmitir programas especiais que produzam o efeito esperado, deve-se utilizar a comunicação dirigida. A mídia será determinada pelas circunstâncias. Os segmentos externos são atingidos hoje pelos *sites* empresariais ou por meio de publicações exclusivas como boletins para acionistas, relatório anual, balanço social e outras peças.

O comunicador deve dispor de uma visão estruturada da comunicação dirigida e saber com precisão quando utilizá-la. Age incorretamente tanto quando faz uma mesma pauta para um boletim de acionistas e um informativo para os empregados da produção, como fazendo uso do mesmo tipo de linguagem para públicos tão diferentes.

Comunicação Dirigida *Just in Time*

Para garantir a qualidade e a eficácia da comunicação dirigida, é útil aplicar a ela a técnica do *just in time*, que está fundamentada na filosofia da qualidade na fonte, do *faça certo da primeira vez*, segundo o princípio de M. Juran.

O objetivo desse método é eliminar perdas, isto é, todas as atividades improdutivas (esperas, inspeções, movimentação de peças, estoque), para concentrar-se unicamente na operação, que, de fato, agrega valor ao processo, pela formatação e finalização adequada do material.

No processo produtivo, a aplicação do *just in time* concentra-se nas células de manufatura, no emprego do controle visual do processo (*Kanban*) e na busca da melhoria contínua (*Kaizen*), de modo a permitir que haja sincronismo entre a linha de montagem e as operações das células, e flexibilidade no nível de respostas às necessidades de rápidas mudanças.

Embora seja um processo técnico, podemos aplicá-lo para tornar a comunicação mais eficaz e eliminar tudo aquilo que não lhe agrega valor.

O que interessa em um processo de comunicação eficaz é que sua operacionalização valorize a própria informação e a sua transmissão, considerando programação, públicos, veiculação e o momento adequado para sua divulgação. Isso exige a observação da sua necessidade ou de sua falta, a eliminação de fatores improdutivos, tais como necessidade de que muitos a vejam e a aprovem (inspeção), demora na sua liberação (esperas), lentidão na sua distribuição (movimentação), deixar para depois (estocagem da informação), atividades essas improdutivas e impeditivas (perdas) da boa comunicação.

Para ser eficaz, considere na comunicação *just in time* seis elementos para garantir seu sucesso:

Exigências da comunicação *just in time*

• ter a mensagem certa.
• adequadamente programada.
• para o público certo.
• enviada no momento certo.
• utilizando o veículo certo (ou os veículos certos).
• para se conseguir resultados programados e que possam ser mensuráveis.

Não basta repetir o jargão japonês. Exige-se que o ciclo da comunicação aconteça de forma positiva, como analisado a seguir.

O objetivo da comunicação dirigida *just in time* é gerar mudanças, conseguindo dos receptores (público certo) atitudes favoráveis que os levem à adoção de novo comportamento (o desejado pelo emissor). Mas como acontece essa reação em uma comunicação adequadamente programada? Esse processo é psicológico e exige tempo para que aconteça. Quem responde, já teve a iniciativa da ação. Age movido pelo estímulo recebido porque captou a mensagem (certa) que lhe foi dirigida. Portanto, já iniciou seu processo de mudança: primeiro interessou-se pela mensagem, depois, sentiu-se motivado e resolveu agir na linha do que lhe era sugerido. Mas, o processo continua. Quem reage pode solicitar, por sua vez, resposta da fonte (processo dialógico). Esta não pode surpreender o interlocutor de maneira negativa, senão a própria fonte interromperá o processo de comunicação que gerou. A fonte precisa acompanhar a reação do receptor e saber interpretá-la; necessita, em seguida, caminhar para a re-estimulação do processo em busca de melhor resposta. Conseguirá esse intento, reforçando a mensagem – repetindo-a, reformulando-a, acrescentando novos elementos que confirmem a opção do receptor e estimulem de modo permanente o processo iniciado.

Esse processo será realizado pela escolha correta da mídia, que pode ser um simples veículo ou um sistema multimídia, sem, todavia, deixar espaço para a saturação de mensagens, o que representa simplesmente perda do fechamento do processo de comunicação.

As premissas colocadas dizem que, na comunicação dirigida, se o seu projeto e suas mensagens não forem bem fundamentados, não polarizarem a atenção do respondente, nada acontecerá. A qualidade da ação comunicativa da fonte deve ser permanente, desde o início. Somente ela poderá excitar a continuidade do processo. Isto é, se a fonte não for séria, não elaborar de forma correta a mensagem, com objetivo claro, definido, o nível de resposta será inferior ao procurado. Se o projeto for bem colocado, o nível de resposta poderá ser mais elevado, corresponder a "algo mais" que venha completar a expectativa do respondente em termos de satisfação e da resposta efetiva dada, o que significa "agregar valor" à comunicação. Observar que, desde que percebida, a comunicação vai caminhando para a sua plenitude junto ao receptor, na medida em que a fonte responde e realimenta o processo que iniciou, desenvolvendo verdadeira interação entre ela e o receptor. Afinal, para se obter um resultado efetivo de comunicação, de respostas rápidas às necessidades de cada público e que atenda ao planejamento feito, todos os elementos da comunicação *just in time* representam um passo importante na sua eficácia.

Papel dos Comunicadores na Comunicação Dirigida

Quem diz o quê, para quem? As mensagens oriundas de uma fonte devem ser transmitidas por quem tem credibilidade. Isso é fundamental – definir a fonte, quem fará a comunicação, quem será o porta-voz da informação. Como técnico, cabe ao comunicador ser o orientador, o mentor da comunicação dirigida na empresa. É de sua função elaborar programas, pesquisar situações, definir com a administração o que será comunicado, apresentar as técnicas que deverão ser utilizadas.

É ainda papel desse profissional planejar uma estrutura interna capaz de atender às necessidades totais de informação da empresa, em qualquer situação. Essa estrutura precisa contar com recursos humanos e materiais capazes de atender com rapidez e eficiência às necessidades que a empresa tem de informar os seus públicos. Em consequência disso, alguns elementos precisam ser considerados na elaboração do processo de informação dirigida:

Processo da informação dirigida

• saber o que irá ser dito, isto é, saber que tipos de dados serão transformados em mensagens para os empregados.
• definir as formas de transmissão.
• definir o cronograma de transmissão das mensagens – planejamento do processo.

- definir claramente o público que irá receber a informação. Dentro da empresa pode haver necessidade de, também, segmentar públicos, de direcionar de maneira específica a comunicação – por exemplo, só para horistas, mensalistas, executivos, ou só para um determinado setor, classe ou sexo. Em um processo organizado, tudo isso deve ser analisado. Quando não há clareza, é necessário recorrer à pesquisa para identificar a situação real da empresa nos seus relacionamentos com os empregados.

- lembrar que a comunicação não pode ser considerada como uma processo ocasional, mas permanente e bem programado.

Planejamento e Programação da Comunicação Dirigida

Três pontos precisam ser considerados para a identificação das mensagens e de seu contexto, da programação da comunicação dirigida e das exigências para que seja bem-sucedida.

Respostas Corretas

Para se estabelecer planejamento correto da comunicação dirigida, torna-se necessário dar respostas corretas a sete perguntas: quem, o que, onde, por que, de que modo, quando, com que meios?

Sete indagações básicas

Com quem vou me comunicar?	Quem é o público, seu perfil, suas expectativas?
O que vou comunicar?	Existe uma mensagem real para ser transmitida?
Onde?	Onde será exposta a mensagem? O local escolhido é o ponto certo? Nele a mensagem será bem recebida?
Por que vou comunicar?	Qual o objetivo real da comunicação? Faz sentido o que vai ser dito?
Como vou comunicar?	Que meios serão empregados – oral, impresso, eletrônico?
Quando?	Qual será o momento mais oportuno para se fazer a comunicação? Transmitir a mensagem no momento certo é vital no processo da comunicação.
Que recursos serão utilizados?	Os recursos técnicos (mídia) a serem empregados garantem o sucesso da comunicação?

Programação da Comunicação Dirigida

A elaboração de um programa completo de comunicação dirigida é fundamental para o sucesso da informação na empresa. Esse programa, quando houver, deve partir dos princípios do *Código de Ética* da empresa e de seus princípios operacionais.

É fundamental que seja precedido de uma pesquisa para se ter toda a dimensão das necessidades de comunicação da empresa, devendo essa pesquisa atingir os níveis diretivos, de escritórios e de produção.

A empresa precisa se posicionar com clareza sobre o processo de comunicação a ser instituído e implantado. Se não houver essa conscientização sobre a necessidade da comunicação e do estabelecimento de seus parâmetros, o projeto será mal sucedido.

O programa deve definir com precisão seus objetivos gerais e os objetivos por segmentos, segundo as diversas características do público interno. Os instrumentos (mídia) da comunicação precisam ser bem estudados, em termos de produção, periodicidade e de verbas.

Deve-se evitar o excesso de veículos, o que acontece muitas vezes devido ao entusiasmo no estabelecimento dos primeiros projetos de comunicação. Na implantação de um programa de comunicação, a mídia inicial deve ser a estritamente necessária. Só mais tarde poderá ser ampliada, se, de fato, houver necessidade real para que isso aconteça. O excesso de veículos leva à superposição de mensagens, a seu enfraquecimento pela saturação do público e pela diminuição de sua credibilidade, gerando desinteresse pela comunicação.

Outro dado de importância diante das mudanças ocorridas nas empresas é o estabelecimento de uma comunicação participativa e interativa, como os relacionamentos existentes nas células de produção, nas unidades de negócios, implantadas nas empresas. Se não houver na comunicação o mesmo comprometimento que têm os empregados no seu trabalho em equipe, o processo de informação não prosperará. A comunicação continuará a ser informal e só acontecendo em determinados segmentos de escritórios ou da produção.

O projeto, além de indicar as atividades que serão realizadas e os instrumentos para se conseguir alcançar os objetivos, deve determinar as formas de avaliação do cumprimento das atividades e também o cronograma que deverá ser seguido. Lembre-se que o cronograma é uma "arma" de trabalho. Não cumpri-lo é caminhar para o fracasso, pois o tempo é inexorável: uma vez passado, nunca será recuperado. O posicionamento deve ser: *comunicar hoje o que deve ser feito hoje*. Procrastinar significa não realizar mais, perder o pique, a motivação, o entusiasmo. É pelo cronograma que se criam expectativas, desperta-se o interesse do público, que fica satisfeito quando vê a programação da comunicação trabalhar a seu favor.

Elaborado o projeto, deve ser apresentado à diretoria, com explicação de toda a sua fundamentação, discussão dos objetivos, metas, instrumentos e cronograma, para conseguir apoio irrestrito e a aprovação das verbas por antecipação. Se essas não fizerem parte do projeto e se não forem aprovadas em conjunto com o programa, ele corre o risco de não ser executado, porque haverá sempre uma desculpa posterior para impedir a liberação de verbas na hora da execução das ações previstas.

O projeto deverá ser bem produzido e bem apresentado, com cópias para diretores e demais dirigentes da empresa que poderão ajudar na sua execução ou no seu apoio. Enviar cópia para a chefia maior, com a aprovação da diretoria, como *lobby*. Informar a empresa e os empregados sobre o projeto e seu alcance, dizendo como ele será implantado, como afetará a comunicação e que benefícios trará para todos. Solicitar a participação e a colaboração de todos para o seu sucesso. Fazer toda a política de lançamento para tornar o projeto bem recebido.

Exigências para o Sucesso

Tratar os colaboradores internos como conhecedores de todas as ações da empresa e considerar que não necessitam ser motivados para aderirem a promoções ou para responderem a uma pesquisa, por exemplo, é desconhecer que faz parte da psicologia de qualquer grupo esperar pelo estímulo para agir. Principalmente quando se pretende obter resultados do contato com os grupos com os quais a empresa lida. Por isso, para o êxito de um programa de comunicação, é preciso lançar mão dos mesmos recursos, por exemplo, usados no lançamento de uma campanha promocional, seguindo suas várias fases, desde o pré-lançamento até a verificação dos resultados. O comunicador que quiser ser bem sucedido na implantação de seu projeto de comunicação dirigida deve seguir as indicações aqui apresentadas:

1. Pré-lançamento da campanha de comunicação

Chamar a atenção do público interno para o que irá acontecer. Usar as técnicas de lançamento de produtos, campanhas, *teasers*, cartazetes e outros recursos de acordo com a cultura e as práticas da empresa.

2. Lançamento

Partir para a criação de um impacto, de lançamento de um desafio, pois ninguém gosta de lutar por um ideal menor. Criar um evento, armar uma solenidade, com a participação dos dirigentes. Estudar o melhor dia e local. Criar também material de suporte; informativo virtual, *folder*, volantes, *banners*, vídeo, número especial no jornal interno, que deverá circular no dia do evento, distribuição de brinde com referência direta ao processo de comunicação, promover um concurso que será desenvolvido durante a implantação do projeto. Nesta fase, o importante é causar o primeiro impacto, para estimular o público e obter sua resposta favorável na implantação do projeto.

3. Manutenção da campanha

Após o impacto do lançamento da campanha, iniciar a execução das atividades, em diferentes níveis e com diversos apelos em várias áreas. Após algum tempo, cessada a novidade, a tendência é a perda do interesse por ela. No próprio programa deve haver a previsão de atividades que continuem motivando os que dele participam. E as peças que vão sendo lançadas devem continuar a lembrar do programa, seus objetivos e os resultados esperados. Nesse momento, seguir o cronograma que foi preparado é fundamental para o êxito do programa de comunicação.

A técnica de manutenção de um grupo motivado exige a utilização de recursos de apoio e de divulgação. A sustentação da campanha não se fará só com o apoio irrestrito da diretoria. Esse apoio deve continuar a ser dado de diferentes maneiras. Deve-se lembrar, por exemplo, que, se a campanha foi lançada em momento de crise, passada esta, caminha-se para o desinteresse da empresa e de seu pessoal pelo projeto. Comunicar é uma atividade dinâmica que deve levar sempre em conta o cenário de cada dia. E como as pessoas são mutáveis e também seus interesses variam a cada momento, nunca é demais fazer uso de recursos que contribuam para apoiar o projeto em execução.

4. Acompanhamento do projeto

Importa muito fazer o acompanhamento do projeto e verificar se o que foi programado está sendo cumprido e se os objetivos estão sendo atingidos, se não está havendo desvios de rota. Pode haver necessidade de uma parada e de um redirecionamento do projeto, das atividades, de se procurar nova motivação ou até de reprogramar o direcionamento da campanha. A comunicação é uma atividade que exige sempre prontidão e capacidade de adaptação a cada circunstância. Os processos de informação não podem ser estanques. Devem ser acompanhados e alterados sempre que necessário. Acreditar que o projeto será bem sucedido como foi programado é correr risco de insucesso.

5. Relançamento programado

No acompanhamento do projeto, se for identificada a necessidade de seu redirecionamento, é preciso fazer um relançamento de algumas atividades, procurando despertar de novo o interesse das pessoas. Isso deve ser feito de modo inteligente, como um aprimoramento do projeto e não como constatação de que algo está fracassando. A impressão que se deve deixar para o público é que o redirecionamento faz parte do processo e é uma força positiva para sua continuidade e êxito.

6. Avaliação

Qualquer trabalho de comunicação exige um retorno. Se não se pode ter um *feedback* sobre o processo, corre-se o risco de se estar trabalhando inutilmente, de estar se enganando. E isso é comum em programas de comunicação, principalmente quando são elaborados *pro forma* para atender a modismos ou à ordem de um diretor, mas não se pretende, na verdade, implantar mudanças.

Ao se montar um programa de comunicação, ao mesmo tempo, deve-se estabelecer seu sistema de controle e de avaliação, pelo menos por meio de um *check-list* que permita acompanhar o cumprimento do que foi previsto, incluindo a aplicação das verbas aprovadas. Essa avaliação programada deve permitir a medição de resultados durante todo o tempo de implantação do projeto, conservando-se cuidadosamente os dados que serão consolidados no final. É preciso garantir os resultados, ensina o mestre da qualidade J. M. Juran.

7. Relatório

A última etapa é o relatório sobre o cumprimento do projeto. Devem ser colhidos todos os dados, durante toda a campanha, para serem, no final, analisados e checados, montados os gráficos de eficiência, com números precisos de participação da população interna e a análise dos resultados obtidos. Quanto mais preciso e objetivo for esse relatório, melhor será a sua aceitação pela alta administração que se empenhou na implantação de um programa de comunicação e, agora, quer saber pormenorizadamente como foi desenvolvido, e quais foram seus momentos difíceis e que resultados foram obtidos. O relatório demonstra para a empresa a qualidade do profissional e, por isso, jamais poderá ser elaborado às pressas ou apresentado de forma incompleta.

A Mídia Empresarial

As empresas utilizaram sempre um complexo sistema de veículos para se comunicarem com seus públicos. A ampla mídia interna origina-se do processo administrativo, fonte da comunicação administrativa, base de todo o inter-relacionamento empresarial e a força que leva os membros de qualquer organização ao cumprimento de suas funções. Grande parte da mídia empresarial está destinada à comunicação dirigida. Essa mídia é representada por veículos de alcance restrito, programados de acordo com o perfil de cada público. Podem ser classificados em oito tipos:

a) mídia administrativa básica (correspondência interna);
b) mídia impressa (publicações em geral);
c) mídia oral (discurso empresarial);
d) mídia audiovisual (programas audiovisuais);
e) mídia visual (murais, quadros de avisos);
f) mídia eletrônica e digital (TV, radiodifusão, internet, intranet, redes sociais);
g) mídia especial (eventos);
h) mídia não-convencional.

O uso dessas mídias pode ser efetivas (permanentes) ou ocasionais.

Eficácia da Mídia Dirigida: Características Essenciais

O que se procura no uso da mídia é que seja eficaz. Na comunicação dirigida essa eficácia depende do conhecimento do público, da qualidade e adequação da mensagem que lhe é dirigida e do uso do veículo correto no momento certo. Mas há outros fatores a serem considerados. O uso da mídia pela mídia é ineficaz. Seu valor distintivo é o que lhe é subjacente, isto é, a filosofia, os princípios que justificam o seu emprego em cada caso. Isso está ligado a seu planejamento e ao conhecimento do público e, sobretudo, à existência de mensagens próprias para os segmentos a serem atingidos.

Outro dado a ser considerado é que a mídia dirigida é por natureza de caráter efêmero, reprogramável, renovável e não permanente. Só terá sentido a mídia que for eficiente na divulgação das mensagens a serem consumidas pelo público. Caso não cumpra mais essa missão, deverá ser alterada, substituída por outra que dará melhor suporte às mensagens no novo momento. Mídia permanente, que não se adapta às transformações de seu público, perde seu efeito comunicador. O publico é, também, extremamente mutável na medida em que cada público, no decorrer do tempo, sofre influências que alteram seus valores, comportamentos e sistemas de referência. Pode se abrir a outras mensagens e se fechar para a comunicação rotineira que lhe é enviada. Não existe público que permaneça estável, pronto a receber sempre a mesma mídia, criada há 20 anos. A mídia deve mudar tantas vezes quantas forem necessárias, como mudam as características do público para o qual foi desenhada. Essa flexibilidade mídia/público exige atenção dos comunicadores no sentido de atualizar, harmonizar sempre a programação da mídia e os interesses do seu cliente.

Quem analisa as publicações empresariais encontra hoje um panorama definido: aquelas que evoluíram e se transformaram em excelentes veículos de comunicação e aquelas que continuam presas ao padrão do passado e pouco criativas. Pesquisa sobre a mídia empresarial demonstrou que muitas vezes há falta de uma programação editorial que reflita o dinamismo da organização, descrevendo suas atividades, sua contribuição à tecnologia, ao país, a participação de seus colaboradores, ou abordando outros temas de ordem econômica e social pedidos pelos empregados. Repetem sempre um noticiário menor, desinteressante como mais um treinamento, os cuidados com a pele no verão, mais um jogo de futebol, um campeonato de damas, os beija-flores de Atibaia, o jacaré do Pantanal, e assim por diante. Tal situação demonstra falta de objetividade na comunicação, de informação, busca externa de notícias, o que reflete a má qualidade do projeto da mídia e a falta de um processo bem elaborado de comunicação na empresa, além da falta de criatividade dos responsáveis pela publicação dos veículos. Muitas publicações se tornaram ineficazes pelo desconhecimento do público, pela deficiência de programação editorial, pela pobreza de produção gráfica, pela mesmice de sua apresentação. Nem sempre a permanência da publicação é uma glória para a empresa. Que influência pode exercer uma publicação trimestral, bimestral, que funciona como uma espécie de crônica da empresa? Talvez publicações de caráter sazonal, específicas para apoio de determinados programas, mais ágeis na sua produção, de formato mais moderno, com frequência maior, e com menores custos, corresponderiam muito melhor a um sistema de qualidade na comunicação. Revitalizar a mídia empresarial é preciso. Dispor de uma variedade razoável de veículos bem programados pode ser mais saudável do que se fixar apenas em um. Pode ser boa política de comunicação alternar as publicações tradicionais com outras mais simples e diretas aos temas de cada situação. E hoje outro desafio para os comunicadores é saber programar e utilizar com competência a comunicação *on-line*, os boletins virtuais, a intranet, ou seja, as novas mídias que exigem programação completamente diversa da mídia tradicional.

A mídia dirigida, para ser eficaz, necessita captar o "momento do cliente", isto é, a disposição que tem "aqui e agora" para receber mensagens. Por essa razão, precisa ser bem apresentada, flexível, lançando mão de todas as possibilidades de abordagem, utilizando recursos de multimídia para conseguir atenção de seus públicos. O público depende da mídia para receber a informação, para satisfazer sua curiosidade, suas expectativas, para poder agir. Essas expectativas devem ser satisfeitas pelos comunicadores que apreendem "o estado de ânimo" de seus públicos e sabem sensibilizá-los por meio de suas mensagens.

A frequência da mídia dirigida merece algumas considerações. Não é suficiente dispor de veículos de comunicação. Sua competente programação deve prever com o maior cuidado também a sua periodicidade, levando-se em conta a sua finalidade. O veículo existe só para informar? Ou pretende divulgar ideias que conduzam a mudanças de atitudes e, em maior prazo, de comportamento? Existe como meio permanente ou apenas como apoio a uma campanha? O objetivo da mídia determina sua periodicidade – diária, semanal, mensal. Se o objetivo é formar opinião, manter a motivação do grupo, por exemplo, a frequência da publicação deverá ser maior, podendo transmitir até as mesmas mensagens sob roupagens diferentes. É importante alimentar o público na medida de sua expectativa, facilitando-lhe o acesso às mensagens programadas para mudar seu comportamento, conforme o conhecido refrão didático: *repetita juvant*. O objetivo é fazer com que o público se sensibilize com a mensagem, reflita sobre ela e, aos poucos, se motive e forme sua própria opinião em relação ao assunto, tomando, afinal, a decisão esperada, favorável aos objetivos de uma campanha, que pode ser, por exemplo, manter a fábrica em ordem, limpa, usar os óculos de segurança. Fique claro: trata-se de um processo psicológico, livre, que, pela informação e motivação, alerta as pessoas para uma decisão inteligente, em todos os aspectos favoráveis a seu bem-estar, e não de uma manipulação, um processo impositivo, que tolhe a liberdade de escolha e de decisão da pessoa.

Programação da Mídia Dirigida

Programar a mídia dirigida significa conhecer as diferentes formas em que se apresenta, os públicos e os objetivos de cada veículo, como já analisado neste capítulo. Sendo esse tema de conhecimento geral, apresentamos a seguir as principais divisões dessa mídia em seus aspectos de uso interno e externo.

Quanto à **mídia interna**, classifica-se em:

a) mídia administrativa básica – unilateral, verticalizada: originada dos elementos constitutivos da organização, representada por circulares, memorandos, e-mails, comunicação administrativa, relatórios mensais, *Palavra do Presidente*, mensagens da administração, tipo *Carta aos Colaboradores*;

b) mídia impressa – unilateral, verticalizada: representada por publicações empresariais, boletins, jornais internos, revistas, folhetos, volantes, manuais de integração, de segurança, manuais de procedimentos, de rotinas, descrições de cargos;

c) mídia oral – bilateral: constituída pelo discurso empresarial dominado pelas entrevistas com dirigentes, reuniões, palestras, seminários, programas de treinamento, de integração, de acompanhamento de funcionários, de avaliação de desempenho;

d) mídia audiovisual/eletrônica – verticalizada: programas audiovisuais, circuito interno de TV, recursos eletrônicos e informatizados (terminais disponíveis para os empregados, sistemas de comunicação *on-line*, fitas de vídeo CD-Rom, DVD, telecursos, videotexto, intranet, internet);

e) mídias das redes digitais, que se centralizam na comunicação *on-line*, nas redes de relacionamento em suas diferentes modalidades. Podem ser empregadas pela empresa na forma de *blogs corporativos*, *Carta do Presidente*; ou na criação de redes internas nas quais os trabalhadores podem se comunicar, trocar conhecimentos, oferecer sugestões e, dessa maneira, melhorar o ambiente interno e contribuir para a solução de problemas administrativos ou de melhorias na produção;

f) mídia visual alternativa: todos os recursos de comunicação para o público interno (*indoor*), tais como faixas, cartazetes, quadros de avisos, jornais murais, *displays*, pôsteres, *banners*;

g) mídia de integração e promoção: categoria representada pela promoção de eventos – programas de visitas, encontros de confraternização.

A **mídia externa dirigida** é representada por diversos veículos – boletins para acionistas, Relatório Anual, revistas e jornais externos, publicações para revendedores, fornecedores, relatório de responsabilidade social –, além, é claro, da promoção de eventos especiais para esses públicos, como feiras, salões, encontros, convenções e outros similares. Em alguns casos, a empresa pode lançar mão da chamada mídia exterior, como painéis de rua (*outdoors* e *back lights*), painéis de rodovias e outros.

CAPÍTULO 4

A ASSERTIVIDADE E A LIDERANÇA NA COMUNICAÇÃO

A comunicação é uma necessidade básica do ser humano. Saber comunicar é uma arte que envolve dois momentos: a forma de expressão e o entendimento entre as partes. Quando nos comunicamos com outras pessoas nos expressamos pela utilização, consciente ou não, de elementos pessoais – por exemplo, a voz, o corpo, os gestos –, ou lançamos mão de outros recursos intermediários, chamados de instrumentos da comunicação.

A comunicação só acontece quando a pessoa à qual nos dirigimos percebe o que desejamos comunicar, presta atenção no que estamos falando e manifesta, pela mudança de atitude, que compreendeu o que lhe foi dito. Supõe, portanto, uma interatividade entre a forma de expressão e a recepção da mensagem.

O processo da comunicação supõe a existência dos seguintes elementos: um emissor, uma mensagem e um receptor. O emissor utiliza palavras, frases, gestos para transmitir uma mensagem, que pode se apresentar e forma organizada ou não, para conseguir a atenção do receptor. A mensagem é transmitida por meio de um código que deve ser de conhecimento do receptor. Este interpreta a mensagem e reage a ela manifestando por sua atitude que a compreendeu. Essa manifestação representa a emissão de nova mensagem dirigida ao emissor e é chamada de retorno (*feedback*). É a prova de que o receptor compreendeu a mensagem. Pode-se, portanto, concluir que a comunicação só existe quando há uma interação consciente entre o emissor e o receptor.

O sucesso da comunicação depende de outros fatores capazes de tornar a mensagem mais persuasiva e, consequentemente, mais eficaz para provocar as mudanças desejadas no comportamento do receptor. Para que o emissor consiga atingir seus objetivos na comunicação, não pode esquecer que o receptor interpreta as mensagens recebidas de acordo com o seu sistema de referências. Ciente disso, o emissor precisa lançar mão de recursos persuasivos como a assertividade para chamar a atenção do receptor e ser mais facilmente compreendido por ele.

A Comunicação Assertiva

A assertividade pode ser entendida como uma filosofia de vida ou como um estilo de comportamento. Representa uma das características fundamentais que deve compor o perfil do bom líder. Em princípio, ser assertivo é ter a capacidade de afirmar ou fazer asserções de maneira positiva, clara e direta, o que torna a comunicação mais eficaz e fortalece o papel da liderança. Como filosofia de vida, a assertividade representa uma forma de ser permanentemente capaz de expressar suas convicções e de saber ouvir as opiniões de outros e acreditar nas outras pessoas como convém aos líderes voltados para a formação de seus liderados e a troca de ideias com eles, pois a assertividade é a "arte do diálogo". Supõe a existência de duas "razões" ou "posições" entre as quais se estabelece precisamente um diálogo, isto é, um confronto no qual há uma espécie de acordo no desacordo – sem o qual não haveria diálogo –, mas também sucessivas mudanças de posição induzidas por cada uma das posições "contrárias" (Mora, pp. 718, 719).

A assertividade como filosofia de vida requer uma postura dialógica, que leve o emissor e o receptor a interagir usando, cada um, seus próprios sistemas de referências de modo a estabelecer a mútua compreensão das posições em jogo.

Como estilo de comportamento, a assertividade analisa as atitudes das pessoas quando agem sob pressão, comumente definidas como assertivas, agressivas, passivas e passivas-agressivas. A partir dessa classificação, os autores que abordam a assertividade se dedicam muito mais à análise do comportamento das pessoas do que ao estudo da assertividade como forte elemento para o sucesso da comunicação entre elas. Todavia, o objetivo maior desse estudo é demonstrar como desenvolver um processo de comunicação assertiva em cada comportamento estudado.

Diversos Tipos de Comportamento que Interferem no Processo de Comunicação

O objetivo da diferenciação de comportamentos que podem ser influenciados, melhorados ou corrigidos pela prática da assertividade é analisar os mecanismos básicos para lidar com situações de confronto – por exemplo, diante de um perigo, a reação física automática é "lutar ou fugir", que é seguida de uma ação rápida de enfrentamento de uma ameaça física.

Além desse instinto básico de sobrevivência, o ser humano possui outro mecanismo de defesa complementar: a habilidade de expressar seu raciocínio verbalmente. Ao fazê-lo, a resposta dada é deliberada – não automática – e permite externar opiniões por meio da situação de confronto (Gillen, 2001, p. 26). Em outras palavras, em uma situação de confronto que envolve ameaça emocional, teremos maior tendência a nos comportar de modo agressivo ou passivo do que assertivo (Gillen, 2001, p. 27). A estrutura comportamental é, porém, muito mais complexa e já foi amplamente estudada na filosofia e na psicologia com o objetivo de identificar as características das pessoas e de seu comportamento, fatores esses que interferem diretamente na comunicação dialógica e são estudados no Capítulo 5.

Daniel Goleman resume a classificação dos perfis pessoais distinguindo duas mentes: a mente emocional e a mente racional – dois tipos de conhecimento, um lógico, que reflete e pondera; outro impulsivo e poderoso, menos lógico.

É muito difícil criar uma tipologia absoluta que classifique as atitudes e os comportamentos humanos. Pode-se, porém, verificar que nas diferentes posições apresentadas por filósofos e psicólogos há, em cada tipo, características comuns ou similares em relação à descrição dos comportamentos das pessoas. É importante, para quem quiser comunicar bem, conhecer essas características porque interferem diretamente no processo da interação comunicacional e na sua efetividade.

Todavia, para explicar o uso da assertividade no processo de comunicação, os autores, que se dedicam ao tema, simplificaram a complexa tipologia dos gregos, de Kresthmer e Jung, por exemplo, e adotaram um paradigma sintetizado em quatro tipos de comportamento: passivo, agressivo, passivo-agressivo e assertivo, identificando como cada um desses tipos reage em resposta aos estímulos recebidos pela comunicação. Não se pode, porém, determinar essas características como únicas expressões de comportamento, pois, mesmo sendo classificadas em determinada categoria, as pessoas podem ter tendências a adotar comportamentos que as aproximem ou as afastem do modelo padrão.

Gillen (2001, p. 21) chama a atenção para que a pessoa não se identifique com o seu comportamento:

> *Primeiro, se você pensar em seu comportamento como algo diferente de sua personalidade, será mais fácil modificá-lo. Se, porém, pensar que é parte integrante de sua personalidade, algo imutável, gravado na rocha viva, estará mais inclinado a pensar que é permanente e, portanto, impossível de ser modificado. Em segundo lugar, distanciar-se de seu comportamento facilita a autoanálise.*

Dois outros fatores que devem ser considerados na interação efetiva com outras pessoas, segundo Gillen (2001, p. 22), são: a importância de assumir total responsabilidade por seu comportamento e o que você precisa fazer para controlá-lo.

Tipologia do Comportamento:
Aspectos que Podem Interferir na Comunicação

A prática da assertividade tem por objetivo estabelecer com os interlocutores uma comunicação positiva, afirmativa, honesta e dinâmica, fazendo com que compreendam com clareza as mensagens que lhes são dirigidas no mesmo sentido em que foram elaboradas e emitidas. Nesse sentido, o estudo da tipologia do comportamento pretende estabelecer que aspectos positivos ou negativos interferem no processo de comunicação e na sua eficácia.

I. Tipo passivo

Caracteriza-se pelo pouco contato visual com o interlocutor, pela emissão tímida da voz, pela hesitação e pela incapacidade de se comunicar de forma assertiva sem fazer rodeios. Procura fugir de responsabilidades e adota uma postura de autopiedade, de baixa estima, de vítima, de fracasso e de pessimismo. Costuma dizer que: com ele só acontecem coisas ruins, nada está a seu favor, o que faz não dá certo.

Essa caracterização dá a entender que o comportamento passivo é em si totalmente negativo, porém, há nele aspectos positivos que devem ser valorizados em circunstâncias especiais – por exemplo, quando a pessoa estiver sob ameaça de violência física, o melhor é adotar uma posição de não confronto. Adotar uma atitude passiva é aconselhável quando as vantagens provenientes dessa atitude forem menores do que o esperado. Os inconvenientes situam-se no campo da percepção dos outros que podem não levar a sério a atitude passiva ou ignorá-la.

Em relação à própria pessoa, a passividade limita sua capacidade de realização, diminui a autoestima, leva ao estresse gerado pela angústia interna, além de não merecer consideração e respeito de outras pessoas. Quando a pessoa estiver diante de um desafio para conquistar algo importante, deve abandonar o comportamento passivo e assumir um assertivo. A atitude passiva deve ser evitada principalmente por quem tem por função supervisionar grupos de pessoas que devem produzir resultados positivos com seu trabalho. Quando trabalham sob a coordenação de um chefe passivo, as pessoas se sentem desmotivadas e inseguras. Comparam seu trabalho com o de outras equipes, notam a falta de um planejamento seguro em sua área e tornam-se menos produtivas, perdendo a automotivação e a confiança na sua chefia.

2. Tipo agressivo

Esse tipo age com desenvoltura e energia em relação a seus interlocutores. Agride-os verbalmente e exige deles cumprimento de tarefas. Quer ser sempre vencedor. Não se preocupa em encontrar uma solução em que ambas as partes saiam ganhando. Usa argumentos capciosos e evita ouvir os pontos de vista dos interlocutores, interrompendo-os e argumentando em voz alta, chegando até aos gritos, ameaçando-os e perdendo todo o autocontrole.

As características que identificam o comportamento diretamente agressivo podem ser verificadas na recusa para ouvir, no uso de linguagem corporal intimidativa, nas interrupções que faz ao interlocutor, na forma veemente de falar. Além disso, o modo de tratar do tipo agressivo leva ao desrespeito à pessoa com a qual está lidando, menosprezando suas ideias e posições. Essa forma de tratamento induz as pessoas a se sentirem culpadas e insatisfeitas consigo mesmas. A atitude agressiva pode ser útil, às vezes, em situações que exijam que as pessoas executem suas tarefas sem hesitação.

As manifestações de raiva transtornam de maneira profunda o agressor, interferindo no batimento cardíaco, na respiração e na perda do autocontrole. Quando são feitas diante de funcionários podem deixar o agressor inseguro, ansioso, sem concentração e mal visto.

As pessoas atingidas por manifestações agressivas sentem-se amedrontadas e ameaçadas. Ressentem-se do tratamento recebido e apoiam os sentimentos negativos nos seus colegas. As equipes tornam-se frustradas, desmotivadas e apresentam menor rendimento em seus trabalhos. Por temerem o gerente agressivo, as pessoas não informam sobre problemas ou erros encontrados no trabalho, por se sentirem inseguras diante da reação de seu chefe.

3. Tipo passivo-agressivo

O perfil desse tipo reúne características negativas da tipologia que representa. Tenta superar as fraquezas da passividade com a arrogância do tipo agressivo. Ao mesmo tempo em que manifesta atitudes depressivas, de insegurança e incapacidade de agir, faz uso de características agressivas, como falar em voz alta, de modo irritante e com sarcasmo.

Procura, em grau menor do que o agressivo, manipular o comportamento das pessoas lançando mão da chantagem emocional e adotando procedimentos inconsequentes, como explosões agressivas, para conseguir seus objetivos.

Caracteriza-se, ainda, pela inconsistência de suas ações, podendo mostrar bom caráter diante das pessoas e maldizê-las pelas costas. "Não é uma prática que induza ao autorrespeito; na verdade, leva ao contrário, deixando uma desagradável sensação de autodegradação." (O'Brien, 1998, p. 17) Gera a impressão de que com esse comportamento conseguirá atingir seus objetivos; porém, na realidade, não alcança nada.

Quem lida com o tipo passivo-agressivo não se simpatiza, nem confia nele e o respeita. É uma atitude contraindicada em qualquer relacionamento e deve ser sempre evitada.

4. Tipo assertivo

O comportamento assertivo caracteriza-se pela firmeza e dinâmica positiva da relação com os interlocutores. "Ao assumir a postura assertiva você desenvolve relações maduras e produtivas nos ambientes profissional e familiar e também em situações do cotidiano: reuniões sociais, com amigos, na escola dos filhos, nas relações comerciais de compra e venda, na fila do banco e do supermercado, entre outras" (Martins, 2005, pp. 18-19).

A atitude assertiva "é a maneira inteligente e honesta na qual as dificuldades a serem confrontadas são realmente confrontadas, e as informações que precisam ser passadas são passadas, mesmo que seja desconfortável ou difícil fazê-lo. Ser assertivo é comportar-se baseando em real autoestima: respeita-se a si mesmo e aos outros e prefere-se a melhor solução de um problema em lugar de uma questionável vitória pessoal" (O'Brien, 1998, p. 22).

As pessoas que agem de forma assertiva são seguras, confiantes. Mantêm bom contato visual com o interlocutor, expressam-se com boa dicção, voz firme e com vocabulário adequado. Não se apresentam com traços agressivos, são claras na exposição de seus motivos, estão dispostas a ouvir e também a aceitar recusas sem perturbações. Além disso, admitem que, às vezes, podem errar e necessitar de ajuda. Dessa forma, podem fazer ou dizer o que querem e atingir os resultados desejados.

> *Uma pessoa assertiva tem desenvoltura e flexibilidade para se mover entre os comportamentos construtivos, ora influenciando o seu interlocutor, por meio da expressão natural dos seus sentimentos, opiniões e necessidades, ora aceitando ser influenciado, ou seja, ouvindo opiniões divergentes, pedindo e dando ajuda* (Martins, 2005, p. 26).

A atitude assertiva caracteriza-se também por uma relação de interdependência que:

> *é saudável, porque as duas partes têm consciência dos seus papéis e sabem no quê, quando e como afetam positiva ou negativamente a outra parte. Uma pessoa com postura interdependente admite, com naturalidade, quando depende de alguém assim como assume sua dependência sem nunca perder de vista o todo e as pessoas com quem convive* (Martins, 2005, p. 20).

As equipes conduzidas por um gerente assertivo sentem-se seguras quanto ao modo de proceder e ao que devem fazer. Mantêm uma relação adulta com o seu chefe, são ouvidas e não vivem sob pressão emocional, por isso, sabem que podem fazer sugestões, tomar iniciativas e discutir erros.

Objetivos da Assertividade na Comunicação

O objetivo da classificação dos diferentes tipos de comportamento é identificar como as pessoas reagem aos estímulos da comunicação e encontrar a melhor forma de abordá-las para se conseguir uma comunicação eficaz. As reações dos interlocutores estão diretamente ligadas ao tipo da personalidade dos emissores, permitindo que possam ser previamente analisadas de maneira a possibilitar uma abordagem adequada e a evitar aproximações não condizentes com o tipo de comportamento de cada pessoa. Para se conseguir uma comunicação assertiva, é preciso levar em conta essas características, identificando qual é o comportamento predominante de cada emissor e as suas variáveis.

O grau de assertividade pode ser medido em relação a cada um dos tipos de comportamento analisados, permitindo inclusive determinar a eficácia ou ineficácia da comunicação, como se pode ver no quadro abaixo:

Tipo de comportamento	Assertividade	Comunicação
Passivo	Baixa assertividade	Comunicação inexpressiva
Agressivo	Assertividade compulsiva	Comunicação descontrolada
Passivo-agressivo	Assertividade ambivalente	Comunicação ambígua
Assertivo	Assertividade equilibrada	Comunicação eficaz

Os Quatro Tipos de Comportamento e a Comunicação

Comportamento passivo

Características positivas	Características negativas	Como é percebido pelas outras pessoas	Características da comunicação
• Evita confrontos • Calcula quando pode obter vantagens com essa atitude	• Insegurança • Baixa auto-estima • Pessimismo • Angústia • Desmotivação • Não são diretos • Autopiedade • Estresse	• Não é levado a sério • É ignorado • Com falta de consideração • Com desrespeito	• Pouco contato visual • Voz baixa e tímida • Ineficiente • Inexpressiva

Verifica-se pelo paradigma anteriormente mostrado que o comportamento passivo é ineficaz quando se trata de se estabelecer um sistema de comunicação interativo. A maior falha nesta interação reside no emissor que não apresenta condições de comandar um processo de comunicação, apresentando-se com debilidade em suas manifestações posturais, evitando o contato direto com o receptor e dando mostras de desinteresse.

Essa atitude negativa faz com que não seja levado em consideração, nem percebido como fonte eficaz de transmissão de informações por seus interlocutores, o que resulta em uma comunicação ineficaz, sem assertividade, inexpressiva. Mesmo quando evita o confronto diante de situações nas quais é melhor não correr riscos, essa atitude pode fortalecer a agressividade ou o desprezo por parte de quem se vê diante de um comportamento passivo.

Comportamento agressivo

Características positivas	Características negativas	Como é percebido pelas outras pessoas	Características da comunicação
• Cumprimento de tarefas sem hesitação	• Verbalmente agressivo • Egocêntrico • Arrogante • Recusa em ouvir • Manipulador • Perda do autocontrole • Ansioso • Impaciente • Implicante	• Irritante • Arrogante • Antipático • Com despeito	• Linguagem corporativa intimidativa • Voz alta e ríspida • Interrupções ao interlocutor • Mau ouvinte • Ineficiente

A boa comunicação exige a harmonia entre as partes, o que supõe o controle emocional, a capacidade de ouvir e a utilização de instrumentos capazes de transmitir as informações que devem ser passadas ao interlocutor. Essa cadeia é rompida no caso do comportamento agressivo, ainda mais levando-se em conta que, nesse caso, as agressões se manifestam de forma corporal, intimidativa e verbal.

Essas atitudes arrogantes tendem a levar o emissor a querer controlar a todo custo o processo e a manipular o interlocutor. Por sua vez, esse comportamento não cria condições para o diálogo porque é visto como incompatível para o estabelecimento da boa comunicação, fato que leva o interlocutor a ficar precavido contra essa arrogância e a ter menor disponibilidade para aceitar as mensagens que lhe são transmitidas. Em casos de comando, de tomada de decisões importantes, a atitude agressiva contribui para que as ordens dadas sejam cumpridas sem hesitação.

Pode-se concluir que a adoção de comportamento agressivo ultrapassa os limites da boa assertividade e gera um processo de comunicação conturbado, eliminando-se a possibilidade de as mensagens serem recebidas e compreendidas conforme a intenção do emissor, fazendo com que o receptor se torne cada vez menos disposto a ouvi-las e a entendê-las.

A variação de atitudes do emissor leva a uma assertividade compulsiva, que dependerá de seu humor, e à ineficácia da comunicação, por ser descontrolada.

Comportamento passivo-agressivo

Características positivas	Características negativas	Como é percebido pelas outras pessoas	Características da comunicação
• São reduzidas porque o emissor quer controlar todo o processo de interação e manipular o interlocutor	• Autopiedoso • Arrogante • Depressivo • Inseguro • Desmotivador • Manipulador • Chantagista • Inconsequente • Dupla personalidade	• Falta de consideração • Desrespeitoso • Antipático • Falso	• De acordo com suas necessidades e vontades • Ineficiente • Ambígua

A comunicação para ser eficaz exige clareza, objetividade e segurança por parte do emissor. A união das características dos comportamentos passivo e agressivo traz para a interação comunicacional uma ambivalência, pois ora podem predominar as formas agressivas de abordagem do interlocutor, com as desvantagens já analisadas, ora a inexpressividade de uma comunicação ineficaz, como a que é própria do comportamento passivo.

Diante dessa ambivalência, os interlocutores ficam sem saber o que deve ser levado em conta na comunicação e passam a tratar o emissor de forma indiferente, pela ambiguidade de sua comunicação e de seu comportamento.

Comportamento assertivo

Características positivas	Características negativas	Como é percebido pelas outras pessoas	Características da comunicação
• Firme • Dinâmico • Mantém bons relacionamentos • Alcance dos resultados esperados • Auto-estima fortalecida • Confiante • Respeitador do próximo • Seguro • Flexível • Otimista	• Manipulação • Arrogância • Risco de se criar uma percepção distorcida do interlocutor	• Respeitoso • Admirado • Simpático • Considerado	• Boa dicção • Vocabulário adequado • Voz firme e calma • Objetiva e clara • Bom ouvinte • Eficiente

O objetivo da assertividade é estabelecer intercâmbio e harmonização entre as partes para que as mensagens sejam transmitidas de maneira adequada e, igualmente, compreendidas segundo a intenção de quem as emitiu. Para atingir esse objetivo é fundamental o controle das atitudes e do comportamento, pois a interação comunicativa entre as partes exige a capacidade de lidar com conflitos e equilíbrio emocional. Ao contrário dos demais tipos de comportamento, o assertivo tem a seu favor um leque de qualidades positivas que, de por si, incentivam os interlocutores para receberem as mensagens com maior abertura e satisfação, predisposição essa que facilita o processo de comunicação. O interlocutor, nesse caso, manifesta admiração, respeito e simpatia pela fonte de onde procede a informação. Soma-se a isso o fato de que quem adota um comportamento assertivo sabe ouvir, está atento aos sentimentos do interlocutor, fala de maneira objetiva e clara, com excelente entonação de voz, empregando ainda vocabulário de fácil compreensão para o ouvinte, ao qual se faz entender por sua boa dicção, fatores esses que otimizam a relação fonte-receptor, aumentando os sistemas de referências entre ambas as partes. Quanto maior for o campo comum entre as partes, maior a possibilidade que se tem de se conseguir uma comunicação eficaz.

Como se Comunicar de Maneira Assertiva

"Quem diz o quê para quem, e para quê?"

O comunicador eficiente, para Aristóteles, deve ser uma pessoa de bom senso, boa vontade e bom caráter moral, que gera a credibilidade que merece. Deve levar em conta a sua posição, a formulação de suas mensagens e o conhecimento que deve ter das pessoas a quem se dirige. Precisa também controlar seus sentimentos e lembrar que a melhor forma de entendimento entre pessoas é a mútua troca de ideias. Precisa ainda saber a quem vai se dirigir e os objetivos que espera alcançar por meio de suas mensagens. Para obter êxito em sua relação com sua audiência é necessário que adote de preferência as atitudes do comunicador assertivo, como já descritas neste capítulo.

A área de Recursos Humanos lida com situações complexas nas quais o comunicador, ou o líder, precisa saber se comunicar de maneira assertiva para conseguir atingir seus objetivos. Há momentos específicos que devem ser considerados pelas lideranças do setor de Recursos Humanos.

1. Seleção

O momento da seleção de pessoal reveste-se de características especiais. Nele acontece o encontro de pessoas que não se conhecem, havendo de ambas as partes expectativas que só serão explicitadas por meio do diálogo. Embora o selecionador esteja em posição mais favorável, se não souber se comunicar de forma assertiva, poderá causar sentimentos negativos no entrevistado, prejudicando o próprio processo de seleção.

2. Admissão

Antes de qualquer admissão, é necessário que os interesses das partes sejam discutidos. Levando-se em conta que o nível de exigências das organizações se tornou mais amplo, e que há maior questionamento dos candidatos em relação à função que deverá ocupar, sobre os benefícios que irá receber e as oportunidades de carreira profissional, o uso da assertividade reveste-se de maior importância na persuasão dos entrevistados, para que aceitem as propostas oferecidas pela organização à qual pretendem se filiar.

3. Acompanhamento

O desenvolvimento de um recém-contratado está ligado a programas internos que se preocupam com a sua integração no novo ambiente empresarial, com a correta execução das novas funções e com o acompanhamento de seu trabalho para que produza os resultados dele esperados. Nessa fase delicada, de duração variável de acordo com as normas de cada empresa, o trabalho de persuasão continua, tanto para ajudar o novo colaborador, como para corrigir possíveis falhas e para estimular seu desenvolvimento na organização.

4. Avaliação

A avaliação de desempenho representa um momento significativo das relações do trabalho. A empresa procura identificar as vantagens que aufere do trabalho do seu colaborador, que foi contratado tendo em vista seu potencial, competências e habilidades. Nesse sentido, a avaliação leva em conta a integração do trabalhador no cenário da empresa, sua relação interpessoal, seu desempenho e os resultados provenientes de seu trabalho.

Os métodos de avaliação são variáveis, podendo ser mais rígidos ou flexíveis, com a participação ou não do avaliado. Já se tornou, porém, prática comum o envolvimento tanto do colaborador, que avalia seu próprio desempenho, como do avaliador, mais voltado para a análise dos resultados. No diálogo que se estabelece entre as partes, pode haver momentos críticos de aceitação ou não dos critérios da avaliação. Se o avaliado se sentir injustiçado, procurará defender seus pontos de vista para diminuir o peso das observações negativas sobre a sua pessoa e o seu trabalho. Nesse momento, o avaliador, além de considerar a delicadeza da situação, precisa utilizar a assertividade, de maneira adequada e eficaz, para persuadir o avaliado sobre suas falhas e estimulá-lo a prosseguir no seu trabalho.

A assertividade deve fazer parte do comportamento dos profissionais de Recursos Humanos. Como se relacionam com pessoas de perfis diferentes, o êxito de sua comunicação dependerá de sua capacidade de afirmar ou fazer asserções de maneira positiva, clara e direta. A falta de uma comunicação assertiva pode gerar muitos enganos e prejudicar o desempenho das pessoas que estão sob o seu comando. Para conseguir resultados positivos em seu trabalho, leve-se em conta que quem trabalha em RH precisa reconhecer os diferentes tipos de comportamento humano e o correto emprego da assertividade para atingir os objetivos de seu trabalho assertivo.

A assertividade como filosofia de vida requer uma postura dialógica, que leve o emissor e o receptor a interagir usando, cada um, seus próprios sistemas de referências de modo a estabelecer a mútua compreensão das posições em jogo.

Como estilo de comportamento, a assertividade analisa as atitudes das pessoas quando agem sob pressão, que são comumente definidas como assertivas, agressivas, passivas e passivas-agressivas. A partir dessa classificação, os autores que abordam a assertividade se dedicam muito mais à análise do comportamento das pessoas do que ao estudo da assertividade como forte elemento para o sucesso da comunicação entre elas. Todavia, o objetivo maior deste estudo é demonstrar como desenvolver um processo de comunicação assertiva em cada comportamento estudado.

CAPÍTULO 5

A Emoção na Comunicação

Um dos fatores importantes que influenciou um novo estudo dos procedimentos do setor de Recursos Humanos foi a divulgação do conceito de *inteligência emocional*. O impacto dessa ideia inovou os relacionamentos pessoais e o processo de seleção, que começou a valorizar a emoção e passou a procurar candidatos com novo perfil – equilibrados, intelectual e emocionalmente.

As consequências imediatas da introdução do novo conceito foi o reconhecimento de que a emoção é fator relevante para o bem-estar das pessoas e para manter relações saudáveis nas empresas e, como tal, deveria ser valorizado e não mais considerado algo inconsistente. Veio, sem dúvida, humanizar as relações interpessoais, levando, necessariamente, à adoção de novos parâmetros no processo de comunicação da empresa com seus empregados. Como empregar a emoção na comunicação? Qual é o seu papel? Levar em conta o fator emocional contribui para tornar a comunicação da empresa com seus funcionários mais eficaz? Antes de responder a essas questões, é necessário entender um pouco mais o que são as emoções, para, em seguida, determinar os modelos do uso da emoção na comunicação.

O Estudo da Emoção

Não há orador que desconheça a importância da emoção na comunicação como forte elemento de persuasão. Aristóteles (384-322 a.C.) chamava a atenção do fator emoção do orador em suas obras *Arte da retórica* e

Arte poética. Grandes oradores como Demóstenes, de Atenas, Quintiliano, de Roma, oradores sacros como Bossuet, Fénelon, santo Antônio de Pádua, padre Antônio Vieira, Billy Graham, políticos e estadistas como o romano Cícero, o brasileiro Rui Barbosa, recorreram sempre ao fator emocional para prender a atenção de suas audiências e levá-las a aceitar suas ideias. E na comunicação interpessoal não é diferente. Ao lado das qualidades vocais, da expressão corporal e do carisma natural da empatia, todos nós contamos com os fatores emocionais como forma de conseguir nossos intentos. E a emoção exerce poder nas nossas vidas, no dia a dia, e é usada até para obter vantagens ou convencer alguém por meio da "chantagem emocional". Recorre-se também ao "apelo emocional" quando, em situações críticas, tentamos influenciar alguém para que faça ou desista de alguma coisa, lembrando a vantagem ou a desvantagem do ato que vai realizar.

Os filósofos, desde Aristóteles, que consideram as emoções como afetos – o medo, a inveja, a alegria, o ódio e, em geral, os sentimentos acompanhados de prazer e dor –, estudaram a emoção e o papel que desempenha na vida humana pela sua influência no comportamento das pessoas. Alguns filósofos (Leibniz, Wolff, Herbart) chegaram a considerar as emoções como uma forma inferior da atividade intelectual. Pensadores cristãos consideravam a emoção como algo negativo e pregavam o domínio das emoções ("paixões") como um caminho para a perfeição. Max Scheler, porém, afirma que a vida emocional tem sua própria autonomia, e não é uma espécie inferior da vida intelectual. Até recentemente, educadores e empresários consideravam a emoção como algo menos importante, que devia ser dominado, chegando até a inferiorizar quem manifestasse com facilidade suas emoções a ponto de ser isso um impedimento, por exemplo, para uma promoção.

A Inteligência Emocional

As diversas explicações sobre as emoções foram renovadas a partir da divulgação do conceito de *inteligência emocional*, que se deve a Daniel Goleman, psicólogo norte-americano, da Universidade de Harvard. Em 1995, publicou nos Estados Unidos *Emotional Intelligence*, que foi traduzido e lançado no Brasil em maio de 1996, sob o título *Inteligência Emocional: a teoria revolucionária que redefine o que é ser inteligente*. O livro causou imediata repercussão e despertou inúmeras polêmicas mundo afora e tornou-se um *best-seller* internacional.

Capítulo 5: A Emoção na Comunicação

A tese não é nova, dizem os profissionais de RH. Estão com a razão, pois o estudo da caracteriologia vem sendo feito desde a Antiguidade, por Platão, Galeno e Hipócrates, cujas teorias chegaram à definição de quatro tipos psicológicos – doutrina dos temperamentos: *os sanguíneos* (de fácil relacionamento); *os fleumáticos* (de relacionamento lento); *os coléricos* (de temperamento violento); *os melancólicos* (triste). O estudo foi retomado pelo filósofo Kant, o psicólogo Wundt e o fisiólogo Pavlov. As análises clínicas de E. Kresthmer sobre a esquizofrenia e as psicoses maníaco-depressivas levaram-no à seguinte caracterização dos tipos humanos: *os leptossômicos* (temperamento esquizotímico – alta sensibilidade, frieza, indiferença, introversão), *os pícnicos* (temperamento ciclotímico – afetuosidade, sociabilidade, empreendedorismo), *os atléticos* (temperamento viscoso, perseverança, lentidão).

C. G. Jung analisa a relação que o indivíduo possui com referência a si mesmo e ao ambiente social, entre dois tipos: *extrovertidos* (centralizados em objetos exteriores) e os *introvertidos* (voltados para dentro de si próprios). Cada um desses tipos pode estar sujeito a certa função básica, proveniente de quatro *tipos funcionais*: do raciocínio, da sensibilidade, da atividade e da intuição.

Mais recentemente, Thomas Harris e Jut Meininger divulgaram a *análise transacional*, preocupados em identificar "os estados do ego", que foram designados como *Pai, Filho* e *Adulto*. Suas ações dependem do tipo e da qualidade dos registros de seus sentimentos, segundo o papel que desempenham. Muito comum hoje é a tipologia dos temperamentos divulgada pela *Programação Neurolinguística*, que analisa o comportamento das pessoas pelo seu tipo de reação. Temos, assim: os *visuais*, os *auditivos*, os *cinestésicos*. Outro autor que inovou na classificação da inteligência foi Howard Gardner, com seu livro *Estruturas da Mente: a teoria das inteligências múltiplas*, no qual descreve seis tipos de inteligência: *linguística, musical, lógico-matemática, espacial, corporal-cinestésicos* e as *inteligências pessoais*.

Daniel Goleman, porém, inovou quando pôs a moderna neurociência como instrumento eficaz para a explicação do comportamento humano e ressaltou a importância do componente emocional, geralmente esquecido e até menosprezado nos paradigmas da educação tradicional. Afirma que temos duas mentes: a *mente emocional* e a *mente racional*; dois tipos de conhecimento: um *lógico*, que reflete e pondera, outro *impulsivo* e poderoso, menos lógico. Explica o desenvolvimento do cérebro humano, do neocórtex, sede do pensamento, e informa que antes dele existiu um cérebro emocional, sediado no sistema límbico e responsável pelas ligações emocionais e afetivas. Para ele, *a inteligência emocional reúne as capacidades do homem de entender e controlar seus sentimentos, sua habilidade de se relacionar com os outros por meio da empatia.*

O comportamento humano pode ser analisado a partir dos elementos que qualificam a ação da pessoa. Podem ser entendidos por meio dos cinco mandamentos da inteligência emocional: *autoconsciência, emoções, empatia, automotivação, relacionamento.*

Esses conceitos são assim descritos:

- *Autoconsciência:* conhecer a si próprio, reconhecer os próprios sentimentos, saber lidar com a emoção é fundamental em momentos de decisão.
- *Emoções:* administrar as emoções é ter a capacidade de controlar os impulsos, de não agir intempestivamente.
- *Empatia:* é a habilidade de perceber em profundidade os sentimentos do outro e de agir segundo esses sentimentos.
- *Automotivação:* é ter visão clara da realidade e manter o otimismo diante de dificuldades ou de derrotas e de superar a adversidade, sendo persistente nos objetivos.
- *Relacionamento:* é o lidar com os outros de maneira empática e cordial, criando situações positivas de aceitação e envolvimento.

As explicações apresentadas especificam com clareza o que é a inteligência emocional e descrevem a importância do conceito na análise do comportamento humano, que, segundo essa teoria, depende tanto do emocional quanto do racional, inteligências essas que devem agir de maneira harmônica para o sucesso do indivíduo. Figueiredo (2000, p. 38-39) admite esse fato quando escreve:

> *O equilíbrio emocional será valorizado, ou seja, pessoas que tiverem capacidade de usar sua mente racional perfeitamente alinhada com sua mente emocional. A demanda será por profissionais que fazem de seu trabalho uma fonte de prazer e de realização. Que trabalhem com o coração e com elevado nível de qualidade de vida pessoal e profissional.*

Capítulo 5: A Emoção na Comunicação

Para Goleman, temos duas inteligências distintas: a inteligência tradicional, que pode ser medida pelos testes de QI, que têm por objetivo determinar o nível de inteligência das pessoas, e a inteligência emocional, que é mais importante, e para a qual ainda não dispomos de testes capazes de medi-la corretamente. Chega mesmo a afirmar que um QI alto contribui apenas com 20% para o sucesso da pessoa. A garantia do êxito ou de erro da pessoa depende dos 80% restantes de sua capacidade, que são representados pela inteligência emocional.

Mas para que servem as emoções? Goleman responde: *"Todas as emoções são, em essência, impulsos para agir, planos instantâneos para lidar com a vida que a evolução nos infundiu"*. Lembra que na raiz da palavra, que vem do latim *movere*, "mover", mais o prefixo "e-", que dá a ideia de "afastar-se", ou seja, indica uma tendência a agir, implícita em toda emoção. *"Que as emoções levam a ações, é mais óbvio observando-se animais ou crianças; só nos adultos 'civilizados' encontramos tantas vezes a grande anomalia no reino animal: emoções – impulsos arraigados para agir – divorciadas de uma reação óbvia"* (Goleman, 1996, p. 15-26).

A partir do repertório emocional, demonstra que cada emoção desempenha uma função única e revela distintas assinaturas biológicas que são hoje explicadas com os novos métodos de perscrutar o corpo e o cérebro. Em seguida, analisa as principais *emoções*, suas formas de apresentar e as causas de suas ações, citando a *ira*, o *medo*, a *felicidade*, o *amor*, a *surpresa*, a *repugnância* e a *tristeza*. Complementa seu raciocínio afirmando que *"Essas tendências biológicas para agir são ainda mais moldadas por nossa experiência e cultura"*.

Temos duas mentes: a mente emocional e a mente racional, em outras palavras, a que pensa e a que sente. *"Dois modos fundamentalmente diferentes de conhecimento que interagem na construção de nossa vida mental. Um, a mente racional, é o modo de compreensão de que, tipicamente, temos consciência: mais destacado na consciência, mais atencioso, capaz de ponderar e refletir. Mas junto com esse existe outro sistema de conhecimento impulsivo e poderoso, embora, às vezes, ilógico – a mente emocional"* (1996, p. 22-24).

Ser inteligente, para o autor, significa ter um equilíbrio em relação às duas formas de conhecimento, tanto no nível do QI quanto no que se refere ao QE. O lado emocional demanda a compreensão dos sentimentos mais profundos de forma a deixá-los guiar as decisões na vida. Controlar emoções como a raiva e a ansiedade, assim como manter o otimismo, mesmo após uma derrota, são pontos positivos. Outro fator é a empatia, a cordialidade e a capacidade de se relacionar socialmente – o que inclui a habilidade de negociação, persuasão e liderança. Em resumo, quanto mais o indivíduo for capaz de lidar com suas emoções e com as emoções dos outros, mais sucesso ele terá em todos os campos.[1]

Goleman, citando as pesquisas de Solovey, que inclui em seu estudo as ideias das inteligências múltiplas de Howard Gardner, sintetiza as aptidões da inteligência emocional em cinco domínios principais. Na divulgação feita no Brasil, esses pontos foram denominados **os cinco mandamentos** da inteligência emocional: a *autoconsciência*, as *emoções*, a *automotivação*, a *empatia*, a *arte dos relacionamentos*. Vejamos cada um deles.

1. A autoconsciência

O autoconhecimento é conhecer as próprias emoções. Conhecer a si próprio, reconhecer os próprios sentimentos, saber lidar com a emoção, o que é fundamental em momentos de decisão.

Reconhecer um sentimento *quando ele ocorre* é a pedra fundamental da inteligência emocional. A capacidade de controlar sentimentos a cada momento é crucial para o discernimento emocional e a autocompreensão. A incapacidade de observar nossos verdadeiros sentimentos nos deixa à mercê deles. As pessoas que têm maior certeza sobre os próprios sentimentos são melhores pilotos de suas vidas, tendo um sentido mais preciso de como se sentem em relação a decisões pessoais, desde com quem se casar a que emprego aceitar (1996, p. 59-68).

2. As emoções

Lidar com emoções: administrar as emoções é ter a capacidade de controlar os impulsos, de não agir intempestivamente.

Lidar com os sentimentos para que sejam apropriados é uma aptidão que se desenvolve na autoconsciência. É ter a capacidade de confortar-se, livrar-se da ansiedade, tristeza ou irritabilidade incapacitantes – e das consequências do fracasso nessa aptidão emocional básica. As pessoas fracas nessa aptidão vivem constantemente combatendo sentimentos de desespero, en-

---

[1] Entrevista ao jornal *O Estado de S. Paulo* – Caderno 2 – Ciência – D6, de 17 de maio de 1996.

quanto as boas nisso se recuperam com muito mais rapidez dos reveses e das perturbações da vida (1996, p. 69-90).

3. A automotivação

É ter visão clara da realidade e manter o otimismo diante de dificuldades ou de derrotas e de superar a adversidade, sendo persistente nos objetivos.

Motivar-se. Pôr as emoções a serviço de uma meta é essencial para prestar atenção, para a automotivação e a maestria, e para a criatividade. O autocontrole emocional – adiar a satisfação e reprimir a impulsividade – está por trás de todo o tipo de realização. E a capacidade de entrar em estado de "fluxo" possibilita excepcionais desempenhos. As pessoas que têm essa capacidade tendem a ter a mais alta produtividade e eficácia em qualquer atividade que empreendam (1996, p. 91-108).

4. A empatia

É a habilidade de perceber em profundidade os sentimentos do outro e de agir segundo esses sentimentos.

Reconhecer emoções nos outros. A empatia, outra capacidade que se desenvolve na autoconsciência emocional, é a "aptidão pessoal" fundamental. É ter a habilidade de se colocar no lugar do outro, de perceber em profundidade seus sentimentos e de perceber os sentimentos não-verbalizados num grupo, de agir segundo esses sentimentos. As pessoas empáticas estão mais sintonizadas com os sutis sinais sociais que indicam de que os outros precisam ou o que querem. Isso as torna melhores em vocações como as profissões assistenciais, ensino, vendas e administração (1996, p. 109-123).

5. A arte dos relacionamentos

É o lidar com as reações emocionais dos outros de maneira empática e cordial, criando situações positivas de aceitação e envolvimento.

Lidar com relacionamentos. A arte dos relacionamentos é, em grande parte, a aptidão de lidar com as emoções dos outros. São as aptidões que reforçam a popularidade, a liderança e a eficiência interpessoal. As pessoas excelentes nessas aptidões se dão bem em qualquer coisa que dependa da interação tranquila com os outros; são estrelas sociais.

Observa Goleman que as pessoas diferem, em suas aptidões, em cada um desses campos. Algumas podem lidar muito bem com a ansiedade, os impulsos, mas podem ser ineptas no confrontar os aborrecimentos de outra pessoa. Outras podem ficar deprimidas e perderem sua concentração na execução de atividades do dia a dia, enquanto outras mais otimistas não ficam de mau humor prejudicando a si próprias e o seu trabalho.

Comunique-se Bem: Use a Emoção

A introdução do conceito inteligência emocional influenciou o cenário de Recursos Humanos e da comunicação interpessoal, exigindo mudança de paradigmas no relacionamento das empresas com seus candidatos e empregados. A comunicação empresarial não pode mais ser analisada apenas sob os aspectos de formal e informal, descendente e ascendente. Na verdade, a comunicação só acontece enquanto aproxima e reúne pessoas para interagirem na busca de uma saudável convivência ou na obtenção dos interesses comuns de seu trabalho. Por isso, as posições da inteligência emocional deixam claro que, para se comunicar bem, utilizar uma "linguagem emotiva", deve-se levar em conta a capacidade de perceber em profundidade os sentimentos do outro e agir segundo esses sentimentos. Sem a existência de uma relação interpessoal simétrica torna-se difícil o êxito da comunicação entre os diversos níveis hierárquicos da empresa.

O processo de comunicação inclui sempre uma fonte, alguém que por meio de uma palavra, uma frase, um gesto etc. expressa, de acordo com sua cultura e sentimentos, uma mensagem que pretende transmitir a um receptor, que pode recebê-la dentro do que se espera, apropriar-se dela ou não; isto é dar sua interpretação pessoal ao que lhe foi dito. Mas, para que a comunicação se complete é necessário que haja um retorno (*feedback*) ao emissor. Isso nos dá a entender que a comunicação supõe sempre que haja compreensão entre aquele que se expressa e aquele que recebe a informação. Outro fator que deve ser considerado é que, quanto maior for o grau de compatibilidade entre emissor e receptor, seja do ponto de vista do conhecimento, da cultura, do vocabulário ou do contexto, maior será o entendimento da mensagem. Isso é o que nos ensina o paradigma tradicional do processo de comunicação. Mas, se ao nos comunicarmos com alguém, nos conhecermos melhor e conseguirmos entender os sentimentos do nosso interlocutor, melhor será a nossa comunicação, pois já estamos admitindo que, levando em conta os aspectos emocionais presentes no contexto do emissor e do receptor, a comunicação será muito mais eficaz. Aqui entram os princípios da inteligência emocional ensinando-nos como tornar a nossa comunicação um diálogo amigo e proveitoso para as partes.

Reinaldo Polito, ao examinar a emoção no processo de "conquista dos ouvintes", lembra que a emoção se manifesta também pelo conjunto de características do orador como a voz, o vocabulário, a expressão corporal, a retórica e outras formas externas de expressão (2001, p. 36-37). Os princípios de Goleman e de Polito podem ser agrupados em dez pontos, que demonstram os aspectos que devem ser levados em conta em nossa comunicação antes de nos dirigirmos a alguém, características essas que vão desde o autoconhecimento até o uso das técnicas da retórica ou da oratória.

Dez Mandamentos da Comunicação Emocional

1. *Conheça a si próprio.* A comunicação exige que o emissor conheça a si próprio, reconheça e saiba controlar os próprios sentimentos para poder lidar com a emoção. Isso leva a maior capacidade de entender os sentimentos dos outros e a melhor tomada de decisões.

2. *Controle suas emoções.* A automotivação leva à capacidade de uma ação controlada capaz de dominar os sentimentos negativos e de vencer as dificuldades, o medo do fracasso. Ponha as emoções a serviço da consecução de suas metas. O autocontrole emocional o levará a manter sempre seu otimismo e facilitará o seu sucesso pessoal na comunicação com os outros.

3. *Entenda os sentimentos dos seus interlocutores.* É necessário para conseguir boa comunicação perceber em profundidade os sentimentos dos outros e agir segundo esses sentimentos. As pessoas empáticas identificam mais facilmente os sinais sociais que indicam de que os outros precisam ou o que querem.

4. *Conheça a realidade.* Ter visão clara da realidade do seu contexto racional e emocional contribui para o autocontrole da emoção e para manter a automotivação, o que aumenta a capacidade criativa e produtiva para levar ao sucesso.

5. *Mantenha o otimismo.* Esse sentimento é fruto do autocontrole emocional. Conhecer as emoções e saber aproveitar seus aspectos positivos ajuda na manutenção de um espírito vencedor.

6. *Saiba lidar com os outros.* A arte do relacionamento e da comunicação é a aptidão de lidar com as emoções dos outros de maneira empática e cordial. As pessoas que dominam essas aptidões se sentem reforçadas em sua liderança e eficiência pessoal, interagem bem com os outros e são bem aceitas e bem-sucedidas.
7. *Use bem sua voz.* As características vocais são uma forma de dar calor e ênfase à comunicação. Saiba expressar-se com voz modulada, em bom volume, com ritmo, na velocidade em que seu interlocutor possa acompanhar. Uma voz sonora e empática chama a atenção e ganha corações.
8. *Empregue vocabulário adequado.* Nem todos têm a mesma cultura, por isso, use vocabulário adequado a seu interlocutor, construções gramaticais corretas, evitando termos eruditos e também lugares comuns. Afinal, um bom padrão vocabular emociona o interlocutor.
9. *Seja persuasivo.* A comunicação é também a arte de persuadir, de fazer com que outros aceitem suas ideias como positivas. Prepare-se para se comunicar bem e de forma assertiva para que as pessoas deem atenção ao que diz. Faça com que sua comunicação leve ao entendimento de seu assunto central.
10. *Apresente-se bem.* O corpo fala e transmite uma imagem favorável ou não aos ouvintes. Cuide de sua postura, de seus gestos, de seu traje, mas aja sempre com naturalidade e sem preciosismos.

Em cada um desses dez pontos está sempre presente o fator emocional. Esses posicionamentos podem fazer com que nossa linguagem seja emotiva e possamos obter melhor retorno da nossa comunicação interpessoal. É sobre essa vantagem que nos fala Reinaldo Polito quando diz: "*Possibilitar que a comunicação seja mais eficiente é poder tornar o homem melhor, é colocar-nos no mundo. E podemos acrescentar ainda que, se soubermos nos comunicar melhor, poderemos participar desse mundo de maneira mais intensa e mais completa. O próprio Maturana, a quem recorremos ao longo deste estudo, compartilha essa opinião ao dizer que 'a existência humana só se realiza na linguagem'. E mais uma vez, afirmamos que, se essa linguagem, essa comunicação, for de melhor qualidade, também nós poderemos existir como seres humanos melhores. Embora incontáveis elementos influenciem a nossa qualidade de vida, temos na comunicação a chave que nos permitirá abrir as portas da existência que desejamos ter*" (2001, p. 142).

Capítulo 6

A Força da Comunicação em Situações de Crise

A tradição e a estabilidade das empresas em um patamar tranquilo podem levar à imprevidência e à incapacidade de a empresa lidar com situações de crise. Não se pode confiar na sorte. Todas as empresas são vulneráveis e podem, a qualquer momento, ser atingidas por crises internas ou externas, que, mal gerenciadas, podem afetar negativamente o seu conceito, a aceitação de seus produtos e, em casos extremos, até provocar a sua sobrevivência, como aconteceu com a Union Carbide, vítima de uma crise internacional de grandes proporções em 1984.

A análise da situação das organizações indica, como observa Maria Aparecida Ferrari, em sua tese de doutorado, que há empresas altamente vulneráveis, como uma indústria química, petrolífera, por exemplo, e empresas com menor grau de vulnerabilidade, como uma metalúrgica, uma rede de lojas. Não há, porém, garantia de que a não ocorrência de crises na operação regular de uma organização signifique invulnerabilidade permanente.

As crises podem ser internas ou externas, previsíveis ou imprevisíveis, e podem afetar em grau maior ou menor as operações da organização e seu conceito na opinião pública. Podem atingir também o setor de Recursos Humanos? Sem dúvida, pois quem nunca ouviu falar de empregados insatisfeitos com o salário, planos de saúde, a segurança e o bem-estar no emprego? Quem garante que o setor de RH está isento de greves, processos trabalhistas, problemas de assédio sexual ou moral, acidentes de trabalho?

Não geram crises os processos de fusões, de mudança no comando da organização, de demissão de altos executivos, de mudanças de localização da empresa? E o que fazer diante de demissões parciais ou em massa, de uma situação de desastre? Enfrentar as indagações da opinião pública ou os meios de comunicação de massa não pode representar grave situação de risco para a organização?

Esses fatos não podem ser ignorados. e as organizações de hoje se preocupam com eles na medida em que, se ocorrerem, causam a elas graves prejuízos sociais e econômicos.

A crise pode ser definida como um momento de ruptura de uma situação de equilíbrio, que traz tensão, perigo, preocupação, dificuldade de se lidar com ele. Em Recursos Humanos, significa o rompimento da harmonia entre os componentes tradicionais que sustentam as normas e a tradição da empresa ou a eclosão de fatos supervenientes sobre a ordem estabelecida. Diferentes situações podem ser classificadas como crises de acordo com as indagações anteriores.

O gerenciamento de crises em RH trabalha com duas realidades: as crises previsíveis ou imprevisíveis, que podem ser ainda chamadas de anunciadas ou não anunciadas.

São previsíveis as situações que fazem parte do cotidiano da empresa e que, se não forem monitoradas, podem, eventualmente, se transformar em uma pequena ou grande manifestação. Situam-se como crises imprevisíveis ocorrência de acidentes, desastres e outros eventos intempestivos que afetam a empresa, mas estão fora de seu controle. São previsíveis: pressões sindicais e reclamações trabalhistas, por exemplo.

Os administradores de crises, como Carvas Júnior (1997, p. 205-206), afirmam que:

> *Não há regras claras e definidas para administrar situações de crise. O trabalho preventivo deve ser absolutamente privilegiado. Esta preparação, sempre desenvolvida sobre o pior cenário, deve permitir não só uma performance melhor em casos críticos, mas, sobretudo, contribuir para uma diminuição das possibilidades de ocorrência de problemas.*

Ao citar a demora de duas semanas para que o resultado da Batalha de Waterloo chegasse a Paris, Corrado (1994, p. 177) refere-se à velocidade da comunicação em tempo real dos dias de hoje, o que permite às organizações se comunicarem imediatamente com milhões de pessoas, e observa:

> *Ao mesmo tempo, a capacidade de as organizações reagirem a uma crise não acompanhou esse progresso. Como as pessoas comuns, quando surge uma crise, as organizações atravessam estágios previsíveis: rejeição, isolamento, raiva, barganha por tempo, depressão, mágoa, aceitação, reconhecimento. A organização que não se preparou, não treinou, nem praticou para crises em potencial não será capaz de reagir com eficiência no ambiente de comunicações em tempo real que terá de enfrentar.*

Uma das forças da administração de crise é, como aponta Corrado (1994, p. 177-178), a capacidade imediata do estabelecimento de um processo de comunicação com os públicos atingidos:

> *A necessidade de técnicas de comunicação de crises foi percebida em resultado da confusão, dos rumores e das comunicações malfeitas que caracterizaram a desintegração quase total da usina nuclear de Three-Mile Island, no fim dos anos 70. A dura lição aprendida com esse episódio foi que uma organização deve informar o público da maneira mais rápida e completa possível sobre uma ocorrência prejudicial, a fim de acalmar os nervos, acabar com os boatos e restaurar a confiança.*

As opiniões citadas demonstram que a comunicação é fundamental para o gerenciamento de crises. Esta comunicação precisa ser organizada de tal forma que, em qualquer momento de crise, possa dispor de informações imediatas e corretas sobre a sua ocorrência, devendo a empresa contar com pessoal preparado para reagir à crise, sem enganos, no momento certo, da melhor maneira possível.

O gerenciamento de crises, do ponto de vista da comunicação institucional, significa, para Carvas Júnior (1997, p. 205-206), que:

- *não devem ser subestimadas as mínimas situações de risco, pois um eficiente plano de administração de crises começa por um programa exaustivo que consiga evitá-las ou, pelo menos, reduzir a margem de ocorrência;*
- *toda empresa deve procurar investir em uma política de segurança e de prevenção de problemas, seguindo uma linha*

> *consistente e abrangente, de modo a minimizar as possibilidades de surpresas;*
>
> - *todos os conceitos de qualidade devem ser praticados, permitindo que os mais diversos aspectos do trabalho cotidiano, desenvolvido por funcionários de todos os níveis, possam ser aprimorados por meio de ações efetivas de curto, médio e longo prazos.*

A comunicação constitui, portanto, um elemento da maior relevância na administração de crise. O setor de RH precisará concentrar seus esforços na preparação para a crise como forma de contorná-la e evitar dados à reputação da empresa. A administração de crise efetiva depende de três elementos-chave, afirma Tim Traverse Healey (1985, p. 4):

> - *da política da empresa bem definida para o trato da emergência, incluindo distribuição de responsabilidades;*
> - *dos sistemas, instalações e equipamento de comunicações já no lugar para serem ativados imediatamente;*
> - *do pessoal-chave treinado para falar em nome da empresa na televisão e em entrevistas no rádio, em entrevistas à imprensa e/ou por telefone.*

Crises em Recursos Humanos

É da essência do setor de Recursos Humanos lidar com pessoas e com a legislação trabalhista. A convivência em qualquer grupo humano sofre influência de muitas variáveis, por exemplo, da cultura, dos paradigmas sociais, legais, das crenças, da capacitação das pessoas, de seu posicionamento hierárquico ou social. Potencialmente, pela diferença dos perfis psicológicos, sociais, de personalidade, de interesses individuais, a convivência de grupos, organizados ou não, é fonte das mais variadas crises.

Essa situação deve conduzir os responsáveis por RH a estarem preparados, tanto para prevenir como para administrar os relacionamentos sociais e legais das pessoas, na tentativa de reduzir as ameaças de crise e estar conscientes de que conflitos mal resolvidos podem representar graves danos à política de pessoal e, também, ao conceito corporativo da empresa, consciente de sua responsabilidade social no tratamento com os colaboradores.

Imprevisíveis ou latentes, as crises em RH provavelmente irão se situar no relacionamento com os colaboradores, na observância da legislação trabalhista, na relação com sindicatos, em situações especiais de greves, demissões em massa, fusões de empresas, acidentes, comportamento dos executivos e crises financeiras. Alguns desses temas são examinados aqui, procurando-se identificar cada situação de crise e as ações que deverão ser tomadas.

Crises na relação com os empregados

Os trabalhadores de qualquer organização representam um público essencial do qual ela depende para a execução de suas atividades-fim. Essa relação é permanente e tem início no momento da contratação dos colaboradores e perdura enquanto houver vínculo jurídico entre ambos.

A área de Recursos Humanos está sujeita a muitas crises desde o momento da contratação de colaboradores, quando enfrenta o processo de seleção de pessoal que deve permanecer dentro de rígidos padrões éticos, evitando discriminação de candidatos por causa de origem, sexo, raça, religião, deficiências físicas e outras. Ao lado de crises de acompanhamento e desenvolvimento de pessoas, outras variantes surgem quando, por exemplo, insatisfeitos com o ambiente interno, os colaboradores reclamam da qualidade da comida, da má relação com os dirigentes, do nível de exigências que lhes é feito, da falta de pagamento em dia e dos salários baixos. Os acidentes de trabalho e a segurança dos funcionários representam potenciais geradores de crise, pois quando acontecem, se a empresa não estiver preparada, há a possibilidade de se instalar uma crise, interna ou externa.

Legislação trabalhista

Fonte constante de conflitos é a forma como a organização administra as questões legais, por exemplo, não cumprimento da legislação trabalhista no que se refere a acordos com os sindicatos, das relações legais com os empregados; não observância da legislação em relação à admissão, demissão, pagamento de salários e indenizações, concessão de benefícios, segurança no trabalho, criação e manutenção da Cipa, honestidade nos processos trabalhistas e no pagamento dos encargos sociais.

Sindicatos

Como entidades representativas dos trabalhadores, os sindicatos lutam pela conquista e pela manutenção de vantagens para os empregados. Frequentemente, a relação organização/sindicato é turbulenta, podendo em alguns casos tornar-se muito crítica e de difícil negociação. O conflito constante com os sindicatos representa falta de preparo de ambas as partes para o estabelecimento de negociações, e é muito desgastante para os colaboradores na medida em que os desestimulam no trabalho e os fazem ter em menor apreço seus dirigentes, preferindo defender os sindicatos representativos de suas categorias.

O relacionamento com os sindicatos assume seu maior ponto crítico quando, por falta de entendimento entre as partes, instala-se uma greve, o que pode representar uma crise de pequena ou grande dimensão, altamente desgastante para a organização e seus colaboradores, além das repercussões negativas no conceito corporativo da organização. Devido à sua intensidade emocional, esse tipo de crise pode ser previsível e evitado se houver, no tempo oportuno, negociações que reduzam o enfrentamento das partes.

Administrativas

As crises administrativas podem ser de natureza econômica, provocadas por problemas da economia global, pacotes econômicos, má gestão, que desestabiliza a empresa.

Tornam-se agudas em casos de desmembramento da organização, promovido por fusões, mudanças do local de trabalho, do sistema de trabalho. Entram ainda no rol de graves crises acontecimentos externos de caráter incontrolável como uma crise financeira, que, levando-se em conta o porte da empresa, pode-se conduzir a momentos críticos em sua administração, como perda de mercado, queda de produtividade, demissões em massa. Sem um posicionamento ético e transparente, tais crises podem quebrar a harmonia do relacionamento dos dirigentes com seus subordinados e, consequentemente, com todos os colaboradores, afetando a credibilidade na organização.

Crises de relacionamento

A preocupação com a humanização do local de trabalho e a valorização de seus funcionários tem levado as organizações a adotar numerosas práticas capazes de gerar o bem-estar de todos. As publicações, que divulgam pesquisas indicativas das melhores empresas para alguém trabalhar, assinalam que elas estão relacionadas à identificação dos trabalhadores com a missão e os valores da empresa, o compromisso que têm no desenvolvimento e na promoção de suas equipes. São empresas que remuneram melhor, retêm mais seu pessoal, oferecendo a eles uma gama de benefícios como planos de saúde, previdência privada, clínica médica, cesta básica, bolsas de estudo, desenvolvimento de carreira, entre outros.

Essas organizações caracterizam-se pelo posicionamento ético, a transparência na relação com os funcionários, mantendo-os informados sobre suas atividades e pelo cuidado em lhes oferecer um ambiente ao qual se sintam integrados, orgulhosos de trabalhar, engajados com a missão e os valores da empresa.

O setor de Recursos Humanos, preocupado com a gestão de pessoas, sabe que investir nos trabalhadores é a melhor forma de atingir resultados. Está consciente de que, embora a organização crie condições favoráveis para o estabelecimento de um ambiente em que todos se sintam realizados e felizes, podem surgir desvios dos padrões disseminados pela empresa, tanto por parte de dirigentes como da interação dos trabalhadores. Esses comportamentos indesejados originam-se de pessoas que não absorveram os valores da empresa, não estão dispostas a participar de maneira ativa nas equipes, mostram-se insatisfeitas com chefias, colegas, ou têm ambições exageradas. Na tentativa de autoafirmação, tais indivíduos tendem a prejudicar as pessoas de sua convivência, levadas por ressentimentos, inveja, atitudes discriminatórias e antiéticas, quebrando a harmonia interna tão procurada.

Quando esses atos se tornam evidentes e agressivos, praticados com intenção de molestar outras pessoas, podem ser tipificados em três categorias negativas e geradoras de conflitos: o *bullying* adulto, o assédio moral e o assédio sexual.

1. O *bullying*

O *bullying* é mais conhecido como a prática de ações de intimidação a crianças e adolescentes no ambiente escolar e universitário. Mas, existe também no local de trabalho, onde ocorre no relacionamento entre colegas de trabalho, não envolvendo diretamente posições hierárquicas.

O termo, de origem inglesa não tem uma tradução aceita por todos. Significa a prática de ato de valentia contra alguém, geralmente em posição mais vulnerável. É praticado pelos *bullies* – valentões, provocadores, agressores – por diversas razões que eles geralmente não manifestam de maneira clara, mas que envolvem intenção perversa.

Ao definir o termo, os autores concordam que se trata de um comportamento agressivo, praticado de forma intencional e repetitiva, com violência física ou não, contra uma pessoa ou grupos de pessoas, que pelas suas fragilidades encontram dificuldades de reagir diante dos agressores, de denunciá-los.

Os objetivos desse comportamento negativo são: intimidar, atormentar, discriminar alguém, ou criar situações embaraçosas por meio de disseminação de boatos, chantagens, difamação. Por exemplo, menosprezar o trabalho de alguém, de uma seção, dificultar a execução correta de operações, sabotando-as intencionalmente, dando informações erradas, fazendo comentários desabonadores perante as chefias, "puxando o tapete" de alguém de olho em seu cargo. Esses "aporrinhadores" se consideram mais fortes e inteligentes e se julgam no direito de tirar proveito dos mais fracos, de se divertirem com eles, humilhando-os e maltratando-os para mostrar poder, adquirir *status* na empresa, cobrir suas fraquezas, mau caráter, sem levar em conta as consequências negativas de seu comportamento sobre quem pretendem exercer seu poder.

Existem várias formas de *bullying*: verbal (termos ofensivos, apelidos maldosos), física (agressão direta), psicológica e moral (humilhações, difamação, discriminação), sexual (assédio direto, abuso, insinuações perversas), virtual (*ciberbullying*) – quando se faz uso das redes sociais da internet, da tecnologia de informação e comunicação (celulares, filmadoras etc.) para "zoar" com as vítimas e expô-las publicamente de maneira humilhante e constrangedora. No *bullying virtual*, além de não considerar as consequências imediatas e nefastas de seus atos, os agressores servem-se do anonimato para ocultar suas maldades e falta de caráter.

Os responsáveis pela gestão de pessoas precisam estar atentos à prática da valentia moral, principalmente pelas consequências negativas que exercem sobre as vítimas, que podem sofrer prejuízos sérios de saúde, como depressão, psicopatias, síndrome do pânico, fobia social, baixo rendimento no trabalho, discriminação e, em casos extremos, levar até ao suicídio. Além de poder ser acionada na Justiça, a organização pode também ver sua reputação enxovalhada com facilidade pelo uso das ferramentas tecnológicas.

2. O assédio moral

Outro cuidado que já faz parte das preocupações empresariais é o assédio moral, *mobbing*, termo com o qual é comumente designado. A diferença entre o *bullying*, em acepção geral, é que no assédio moral entra em cena o fator hierarquia, quando o superior exerce seu poder intimidador contra alguém, por exemplo, exigindo o cumprimento de tarefas impossíveis, criticando de maneira sistemática seu trabalho, maldizendo-o publicamente, discriminando-o e isolando-o das equipes, tirando-lhe as funções.

Em princípio, o mobbing apresenta as mesmas características da valentia moral (*bullying*), caracterizando-se como uma conduta repetitiva, constrangedora, submetendo o empregado à discriminação, humilhação, desqualificando-o publicamente ou relegando-o no exercício de suas funções.

O assédio moral pode ter motivos políticos, incompatibilidade entre pessoas, impedir promoções, induzir a pedidos de demissão. É uma conduta abusiva, constrangedora, que atenta contra a dignidade da pessoa, procurando desqualificá-la e desestabilizá-la emocionalmente. Causa os mesmos transtornos já indicados quando foram explicadas consequências negativas oriundas do *bullying* e pode ter consequências mais nefastas porque a intimidação parte de pessoas que detêm o poder na organização.

Existem dispositivos legais que advertem e prescrevem medidas contra o assédio moral, podendo os assediados recorrer à Justiça para pedir reparação dos danos morais. A prática desse tipo de assédio pode trazer danos também à reputação da organização, e chegar rapidamente ao conhecimento público pelos caminhos das redes sociais. A gestão de Recursos Humanos precisa garantir que haja respeito às pessoas e tratamento honesto e responsável a todos por parte das empresas, principalmente dos seus dirigentes.

3. O assédio sexual

O setor de RH é atingido diretamente no caso de assédio sexual de qualquer tipo e se torna vulnerável quando tem de enfrentar essa situação, muito delicada e, em alguns casos, de difícil administração. Por sua natureza e objetivos, esse tipo de violência não se confunde com o *bullying* e o *mobbing*.

O assédio sexual tem causado muitos dissabores na relação executivos/funcionários. É admitido existir sempre que um chefe utiliza seu poder para importunar uma mulher que lhe é subordinada, seja por abordagens diretas, insinuações, comentários maliciosos, ou pela internet.

Influenciado pelo posicionamento norte-americano e pela luta das feministas, o assédio sexual tornou-se grande preocupação dos executivos também no Brasil. Não são raros os casos de envolvimento de altos executivos de grandes organizações apanhados na prática do assédio sexual, punidos com a perda de seus cargos, seja por um desvio de comportamento formal ou por criar situações consideradas de risco por afetar o conceito corporativo da organização.

Os danos internos causados por esse comportamento são altamente nocivos pelo escândalo causado, vindo de onde não era esperado, pela criação de um ambiente de boatos, de descrédito na administração e nos seus valores, além, é claro, de implicar demissões, processos conflituosos e até pagamento de altas somas em dinheiro.[2] Riscos maiores ainda correm a organização pelo registro e pela divulgação do assédio por meio do uso de celulares, smartphones, filmadoras, das redes sociais, que podem causar danos imediatos e consideráveis à sua reputação em escala internacional.

Algumas empresas nacionais adotaram o padrão americano do *compliance*, que são regras e normas rígidas de conduta pessoal dentro da organização. A palavra *compliance* não tem tradução específica, ela deriva do verbo *to comply* – aceitar, concordar, cumprir, agir de acordo com uma regra, obedecer. Barbeiro (2010, p. 137-138) traduz *compliance* por "integridade" e explica: "O desejo de desenvolver a integridade provoca a determinação em alguém. É o compromisso de fazer o que é certo, o que é eticamente aceito e, ao mesmo tempo, resistir ao egocentrismo e ao oportunismo". Portanto, todos os colaboradores de uma empresa de qualquer nível deverão saber que o setor de RH apresentará o *compliance* como conduta contínua dentro da organização e serão responsabilizados se não mantiverem sempre a "integridade" como norma.

O assédio sexual pode ocorrer também quando não há subordinação, por exemplo, entre colegas de trabalho, conforme decisão do Tribunal Regional do Trabalho da 2ª Região (São Paulo), pois a lei exige educação e respeito para com outras pessoas, especialmente por mulheres.

---

[2] O assédio sexual foi introduzido pela Lei nº 10.224, de 15/5/2001. O Código Penal, art. 216-A, define-o nestes termos: "Constranger alguém, com o intuito de obter vantagem ou favorecimento sexual, prevalecendo-se o agente da sua condição de superior hierárquico ou ascendência inerentes ao exercício de emprego, cargo ou função".

Fusões de empresas

As fusões de empresas provocadas pela globalização e por imperativos econômicos causam choques administrativos, culturais e de adaptação à nova realidade. Representam um processo gerador de incertezas e de intensas preocupações por parte dos funcionários, principalmente quando há previsão de demissões em massa. A situação se torna ainda mais preocupante quando a organização omite informações importantes ou somente comunica o fato momentos antes de acontecer. Nenhum processo de fusão será bem resolvido e aceito se não for precedido de intenso programa de comunicação e de exposição de motivos por parte da empresa

O processo de fusão de empresas é em geral demorado e, com facilidade, se não for bem gerenciado, pode provocar conflitos de valores, insegurança, dificuldade de alinhamento dos valores para que a nova empresa possa merecer a credibilidade dos trabalhadores e sua adesão aos novos processos diretivos. Um das consequências mais negativas das fusões e que provoca crises no setor de RH são as demissões em massa decorrentes desse processo.

Como Enfrentar as Crises?

O gerenciamento de crises representa papel fundamental na relação da empresa com seus públicos e com o mercado. As crises podem ocorrer pelos mais variados motivos: administrativos, mudança de comando da empresa, demissão de altos executivos; por problemas de natureza econômica, ações judiciais, fusões e incorporações, desastres industriais, naturais, contaminação do meio ambiente. Com frequência atingem a reputação da organização por denúncias de corrupção, escândalos financeiros, exploração de mão de obra infantil, por exemplo.

O programa de gestão de crises precisa estar atento ao setor de RH por ser altamente vulnerável, pois interage e interfere diretamente nos resultados da organização, tendo em mãos a administração da sua força de trabalho. Uma dificuldade a ser levada em conta é o fato de que muitas funções da área de RH terem sido terceirizadas, faltando aos prestadores de serviços uma visão global da organização, o conhecimento de seus valores e dos seus públicos, o que pode gerar um descompasso entre as ações da organização e dos seus consultores.

Princípios gerais a serem seguidos

A primeira preocupação a se levar em conta no planejamento de crises é a consciência de que a organização pode ser vulnerável, tanto em seu cenário interno quanto externo.

A segunda recomendação é compreender que, por sua vulnerabilidade, a empresa deve contar com um planejamento de gestão de crises. Esse planejamento deve ser elaborado por uma equipe competente, capaz de administrar o conflito em conjunto com os dirigentes da organização e de enfrentar e administrar a crise logo no seu início de maneira efetiva para que não cause danos à organização.

Como terceira providência, deve-se elaborar as diretrizes que deverão ser seguidas e as mensagens a serem transmitidas pelos porta-vozes da empresa, bem como nortear o comportamento de cada participante da equipe de administração de crises com a definição das responsabilidades de cada um em suas diferentes etapas.

Quarta recomendação: não tentar esconder os problemas, mas enfrentá-los, sem demora, ciente de que a melhor forma de gerenciar crises é a comunicação.

A quinta providência situa-se na necessidade que tem a organização em dispor de um setor bem estruturado de comunicação, capaz de transmitir informações verdadeiras e atender às solicitações que a empresa recebe nos momentos de crises da mídia, de órgãos governamentais ou de outros setores.

Esse setor precisa responder prontamente as indagações feitas sobre a crise. Ter pessoal preparado, com a descrição do papel a ser desempenhado em momentos de crise. E ainda, determinar os responsáveis pela informação para os colaboradores e para os públicos externos. Em casos especiais, é preciso programar os momentos em que caberá ao presidente da empresa se manifestar, por meio de entrevistas e do atendimento à imprensa. A omissão de informações sobre uma crise interfere na credibilidade da organização.

Como Fazer o Planejamento de Crises

Em sua obra *Como lidar com crises de imagem* (2001), o jornalista Mario Rosa trata com muita propriedade sobre crises de imagem – por que acontecem, quais são seus alvos preferenciais – e desenvolve um plano completo e de gestão de crises. Afirma que "a administração de crises não é uma fórmula de ação. É uma forma de pensar". Em seguida, ressalta a importância que a organização precisa dar ao planejamento de crises:

> *Um plano de administração de crises pode ter enorme valor para você se for usado como ferramenta para auditorar permanentemente sua capacidade e sua propensão para enfrentar crises. Não se deixe desviar do foco, todos os instrumentos para conduzir uma crise são muito bem-vindos – desde que efetivamente ajudem e não atrapalhem. A racionalidade, a frieza de análise, o método são ferramentas decisivas para que um bom plano de condução de crises possa frutificar* (Rosa, 2001, p. 118).

Um dos fatores agravantes de crises é o despreparo da organização para enfrentá-las, a falta de conhecimento de si própria, de sua missão, o desconhecimento de seus valores, principalmente a não percepção de sua vulnerabilidade. Se já é difícil administrar uma crise para organizações que se prepararam para enfrentá-las a qualquer hora e vinda de diferentes causas, torna-se quase impossível ter sucesso na sua condução, quando a empresa se vê envolta em uma crise totalmente despreparada. Isso pode lhe custar muito caro.

Este capítulo chama a atenção sobre a força da comunicação na gestão de crises e a necessidade de que a organização tenha um comitê de gerenciamento de crise no qual haja espaço para a presença de um porta-voz qualificado para representá-la nesses momentos de conflito. A propósito, Heródoto Barbeiro (2010, p. 133) diz "A melhor comunicação não conserta a crise ou modifica a realidade, mas pode mudar sua percepção, o que é uma oportunidade de virar o jogo". E acrescenta

> *Na comunicação corporativa, o relógio é tão ou mais importante do que a bússola para identificar as crises, ou seja, é mais importante chegar a tempo, antes que a brisa se torne um vendaval e, quem sabe, um tornado. Para isso é preciso prevenir o previsível, contar com o contável, tudo que pode acontecer já deve estar catalogado e treinado com a equipe. Deixe o imprevisível para resolver quando ocorrer, uma vez que a maioria esmagadora das crises ocorre em situações já esperadas. A comunicação diretiva correta permite que um knockout se transforme em uma oportunidade de expor favoravelmente a marca, mas para isso é preciso treino e previsibilidade.*

Mário Rosa, consultor em administração de crises, estabelece dez passos para se construir um plano de condução de crises nos Capítulo 7 e 8 de sua obra (2001, p. 115-146). Esses passos são:

1. Radiografia da imagem.
2. Auditoria da imagem.
3. Desenvolver uma versão sintética de, no máximo, uma página, da declaração de princípios da organização – missão.
4. Elaborar o código de conduta da instituição.
5. Definir o conceito de crise para a organização.
6. Definir o campo de ação do plano de administração de crise.
7. Definir os tipos de crise que a organização poderá enfrentar.
8. Definir os integrantes do grupo de administração de crise.
9. Definir o porta-voz da organização.
10. Definir os produtos que farão parte do *kit* de crise.

A complexidade da gestão de crises exige um posicionamento preventivo por parte da organização. O setor de RH precisa estar alerta, pois as crises envolvem sempre pessoas do alto comando da organização e dos escalões subalternos. Por isso, é preciso que esteja preparado e possa contar diretrizes que o ajudem a prever crises internas e a nortear as interações com os colaboradores da organização, pois eles podem fazer diferença em momentos de conflitos e ajudar a organização a resolver com maior eficácia as crises que possam vir afetá-la interna e externamente.

Capítulo 7

O Novo Cenário da Inter-relação Empresa-colaboradores

As transformações da sociedade e das organizações originaram-se basicamente de dois processos – o da globalização e o do desenvolvimento crescente da tecnologia, cuja aplicação às mais diversas situações vem inovando e alterando equipamentos e produtos de maneira cada vez mais veloz.

As mudanças organizacionais e tecnológicas levaram as empresas a adotar novo posicionamento na sua relação com os empregados. E, nessa relação, existe outro importante fator que pressiona as posturas de RH, que é a mídia de massa, divulgadora das novas teorias sobre o trabalho, o emprego, as formas de gestão, e que abre perspectivas, anunciando tendências que podem alterar as relações capital-trabalho no futuro.

Muitos fatores têm merecido a atenção da mídia de massa e especializada. Pode-se dizer que na base dessa preocupação estão as transformações sociais e do trabalho, como as reestruturações organizacionais, que ocasionaram, em um primeiro momento, demissões em massa de empregados de todos os setores e níveis, processo esse que passou a se denominar genericamente *downsizing*.

Chamaram também a atenção da mídia de massa o surgimento da reengenharia, a implantação do processo da qualidade total, a necessidade de certificações ISO 9000, destinados a manter um alto nível de negócios e a garantir a sobrevivência da empresa.

As editorias dos veículos de comunicação foram também alertadas pelos movimentos sindicalistas, com suas greves contra o patronato. A razão dessas alterações repousa nos fatores de mercado, como bem observa Wilson da Costa Bueno, quando afirma:

> *Há um consenso entre os especialistas de que o mundo contemporâneo – e, em especial, o ambiente organizacional – tem sido abalado profundamente pelo processo crescente da globalização dos mercados, e das ideias, pela revolução provocada pelas novas tecnologias, pela desmassificação do processo de produção e pela valorização do espírito de cidadania. A globalização é, na verdade, um fenômeno irreversível, o que não significa que a estejamos endossando sem nenhum espírito crítico. Pelo contrário, ela tem sido, sobretudo, injusta, ao favorecer os países hegemônicos em detrimento das nações emergentes, e, regra geral, tem penalizado os estratos menos favorecidos da população, o que vale para os países ricos ou pobres, indistintamente* (Bueno, 2003, p. 19-20).

Este autor reforça a ideia de que há o embate entre a globalização e o localismo, ou seja, o esforço para a manutenção das identidades nacionais, regionais ou locais. Vê na conquista de novos mercados um sinal positivo, o que para alguns segmentos empresariais pode ser uma questão de sobrevivência:

> *De qualquer forma, as empresas precisam estar preparadas para essa nova realidade, já que, independentemente de sua atuação ou vontade, ela está posta, tende à consolidação e promete ser cada vez mais avassaladora. As novas tecnologias, colocadas à disposição deste processo amplo de globalização, estabelecem, efetivamente, uma sociedade em rede, como apregoa Castels, criando um tecido bastante sensível que costura os mercados e os torna vulneráveis a qualquer trepidação por mais leve que seja* (Castels, 1999) (Bueno, 2003, p. 20).

Para Bueno, o sistema de planejamento tradicional já não funciona mais, pois tende à fragmentação e busca estabelecer padrões construídos sobre modelos anteriormente conhecidos.

> *O emprego tradicional é subvertido, assumindo novos contornos, pela emergência do teletrabalho, pelo crescimento da eco-*

nomia informal e por uma nova onda de empreendedorismo, com a explosão das entidades que integram o chamado Terceiro Setor (Bueno, 2003, p. 22).

As Mudanças das Organizações

Se as mudanças chamaram a atenção da mídia e proporcionaram o surgimento de uma temática voltada a alertar a área de Recursos Humanos, é preciso analisar quais são as principais propostas dessas transformações. França (1997, p. 82) afirma que:

> *Os grandes objetivos das mudanças visam a garantir a sobrevivência das empresas, modernizá-las, torná-las competitivas, flexíveis, capazes de dar respostas rápidas ao mercado, reduzindo custos operacionais e oferecendo produtos de qualidade e competitivos no mercado.*

Essas mudanças, para França (1997, p. 83-84), geraram um novo perfil organizacional e um novo perfil dos empregados.

Começa a surgir uma nova cultura empresarial. As mudanças afetam todos os relacionamentos das empresas com seus públicos-alvo – fornecedores, clientes, governo, imprensa – e com os seus empregados, que passaram a receber maior treinamento para se adaptarem às novas condições de trabalho e a ter mais responsabilidade pelo que fazem, sendo mais valorizados pelas organizações.

> *Hoje, os empregados são muito mais conscientes, responsáveis, inquiridores e atentos às cobranças das empresas em todos os setores. Assumiram novas funções, têm uma participação real, responsável, no programa de produção. Formaram novos grupos de trabalho em suas células de manufatura, administrando-a completamente. Conhecem todo o processo da qualidade, já foram ou estão sendo preparados dentro dos conceitos rígidos da certificação das Normas ISO 9000.*
>
> *Estão conscientes da importância de seu trabalho e de suas consequências na produtividade e na lucratividade da empresa. Portanto, estamos falando de mudanças na "cabeça" da empresa e na "cabeça" dos empregados.*

Essa análise das transformações é também feita por diversos autores nacionais e estrangeiros que se dedicam à reflexão sobre a área de Recursos Humanos. Wilson da Costa Bueno, inclusive, chama a atenção para o fato de que empresas seculares perdem a importância ou desapareçam, enquanto surgem outras no cenário abraçando quase sempre a "cultura pontocom". Sendo menos perenes as empresas, os empregados são também menos fiéis, inclusive no Japão, onde a lealdade funcional era tradição consolidada. O mesmo acontece com os consumidores que não prezam mais as marcas líderes de mercado.

Todavia, quem pretender conhecer a fundo o que está acontecendo no mercado de trabalho, quais são as tendências e que prognósticos são feitos em relação ao futuro, precisa, além do conhecimento de outros especialistas no assunto, refletir sobre o que expõem três autores da atualidade: Jeremy Rifkin, com o livro *O Fim dos Empregos: o declínio inevitável dos níveis dos empregos e a revolução da força global de trabalho*; William Bridges, com sua obra *Um Mundo sem Empregos – Jobshift: os desafios da sociedade pós-industrial;* e Domenico De Masi, com seu livro *O Futuro do Trabalho e o Ócio na Sociedade Pós-industrial*. Esses autores dissecam o problema do trabalho desde suas origens, passando pela revolução industrial, a era das transformações, do advento da tecnologia e das novas formas de trabalho, das exigências do mundo globalizado e, principalmente, insistem na necessidade de se partir para uma nova visão do mundo do trabalho e para a admissão de uma realidade em que o lazer e o "ócio criativo" sejam valorizados como aspectos altamente importantes para a satisfação dos trabalhadores e de sua qualidade de vida.

O Fim do Emprego

Os autores pessimistas entendem que a tecnologia substituirá quase que totalmente os trabalhadores, levando ao fim do emprego.

Jeremy Rifkin afirma:

> *Estamos entrando numa nova fase na história do mundo – em que cada vez menos trabalhadores serão necessários para produzir bens e serviços para a população global* (1995, p. VIII).
>
> *A reestruturação das práticas de produção e a permanente substituição de trabalhadores humanos por máquinas começou a*

impor um trágico sacrifício às vidas de milhões de trabalhadores (1995, p. XIX).

As filas de desempregados e subempregados crescem diariamente na América do Norte, na Europa e no Japão. Mesmo as nações em desenvolvimento estão enfrentando o desemprego tecnológico à medida que empresas multinacionais constroem instalações de produção com tecnologia de ponta em todo o mundo, dispensando milhões de trabalhadores de baixa remuneração, que não podem mais competir com a eficiência de custos, o controle de qualidade e a rapidez de entrega, alcançadas com a produção automatizada (1995, p. 5).

Todas as habilidades, conhecimentos e especializações que até aqui estavam arraigadas nas mentes dos trabalhadores foram efetivamente transferidas para uma fita, permitindo que o processo de fabricação fosse controlado a distância, com necessidade muito menor de supervisão ou intervenção direta na produção (1995, p. 72).

A exemplo de Rifkin, William Bridges é de opinião que:

O aspecto quantitativo do desaparecimento dos empregos (dejobbing) atingiu seu ápice (ou seu ponto mais baixo, dependendo de onde se está) na mania de redução de funcionários dos últimos anos (1995, p. 9).

Algumas organizações deram um passo radical, desfazendo-se totalmente dos empregados permanentes, e começaram simplesmente a "arrendar" todos os seus funcionários de empresas de trabalho temporário (1995, p. 11).

Para milhões de americanos o serviço está no escritório. As duas entidades andam de mãos dadas, como lar e família. Mas as mesmas forças tecnológicas que tornaram possível espalhar operações pelo mundo todo estão tornando possível a extinção dos escritórios como ninguém jamais imaginara ser possível há apenas alguns anos (1995, p. 25).

É um erro subestimar a estabilidade que o mundo dos empregos trouxe à vida das pessoas e como as pessoas vão sentir falta dessa estabilidade quando ela se for. Todos vão sentir falta, porque se tornou o ar que respiramos. Já que os empregos vão embora, cada um de nós terá que descobrir novas maneiras de se adaptar ao mundo (1995, p. 152).

Transformar a visão negativa do Departamento de Pessoal em uma unidade de negócios representa um avanço considerável na mentalidade das empresas. Mas, isso acontecerá para quem tem em vista o fim do emprego? Como considerar essa ameaça? José Carlos Figueiredo responde da seguinte maneira:

> *A exemplo do que ocorreu com o anunciado fim do mundo, o fim do emprego também não ocorrerá, conforme preconizado pelos fatalistas. O que ocorreu é o fim da empresa antiga e do emprego vitalício. Nasce em seus lugares a empresa nova, focada no marketing moderno e fundamentada no atendimento das necessidades dos clientes, internos e externos. A empresa focada na logística de distribuição de seus produtos, na agregação de valor e na captura e retenção de talentos. Essa empresa passa a oferecer oportunidades de trabalho em vez de emprego (2000, p. 35-36).*

E descreve qual será a realidade futura:

> *A nova empresa passa a precisar muito mais das pessoas do que as pessoas precisam dela. O sucesso de uma empresa estará centrado na qualidade do seu ativo humano, o quanto de conhecimento ela conseguirá atrair e reter em seus quadros funcionais. A nova empresa deverá ser formada de poucos e excelentes profissionais, que agreguem valor através de seus conhecimentos (2000, p. 37).*

O fim do emprego não pode ser aceito como algo que aconteceria naturalmente, reafirma em outros termos José Carlos Figueiredo:

> *O fim do emprego, alardeado pelos futurólogos, seria uma realidade se aplicada somente às coisas finitas, aquelas que se exaurem com o consumo. Não se aplica quando relacionada a produtos e serviços. O ser humano tem capacidade ilimitada para criar novas necessidades de consumo e novas formas de satisfazê-las. Por isso, mesmo que se consiga produzir muito mais com menor número de pessoas, sempre haverá o que fazer para atender às necessidades geradas (2000, p. 38).*

Costuma-se dizer hoje que o emprego na sua forma tradicional desaparecerá, mas restará sempre lugar para o trabalho. Até as consultorias de

Capítulo 7: O Novo Cenário da Inter-relação Empresa-colaboradores

outplacement, diante da dificuldade de novas colocações, aconselham a seus clientes evitar a afirmação de que estão desempregados ou procurando emprego; é melhor adotar a expressão "estou disponível em busca de uma oportunidade".

A situação de busca de um trabalho não é tão simples; é mais penosa do que se pensa, pois, devido à crise econômica duradoura, as demissões prosseguem em grau maior ou menor, tanto nos níveis produtivos como administrativos. Simon Franco (1997, p. 23-24) ilustra bem o fato quando escreve:

> Na busca por um ponto de trabalho, a situação é até mais grave. Quem busca um emprego ou quer se manter no emprego, que já possui, não compete apenas contra um adversário. Compete contra uma multidão de pessoas, cada uma delas buscando o mesmo objetivo. Nessa situação, ser igual aos outros e fazer tudo o que os outros fazem não adianta nada. É preciso ser melhor, fazer mais coisas e ter a ousadia de quebrar regras, em um mundo no qual mudar é sempre um fator de sobrevivência para pessoas e empresas.
>
> Só há uma maneira de conseguir isso: ter habilidades e conhecimentos que agreguem ao trabalho aquilo que eu chamo de valor pensante. O profissional vitorioso será aquele capaz de oferecer coisas que as máquinas e mesmo outras pessoas são incapazes de oferecer. Fazer com competência algo que foi sempre feito da mesma maneira não basta para garantir nada a ninguém, como não garantiu aos executivos demitidos.

José Carlos Figueiredo (2000, p. 43), diante do desaparecimento de cargos, defende características do perfil empreendedor em que os paradigmas antigos do setor de RH não funcionam mais:

> As brilhantes carreiras profissionais registradas no passado começam a se esvanecer nas empresas modernas. Enquanto no passado eram prestigiados aqueles profissionais que permaneciam por décadas em uma empresa, presos pela mesma "algema dourada", hoje se prestigia quem fica no máximo cinco anos em uma mesma empresa, que não permaneça no mesmo cargo; é o que o mercado de trabalho está ditando como regra. Passa a ser prestigiado o profissional polivalente e empreendedor. Es-

> sas duas palavras prestigiadas na empresa moderna pressupõem não só características pessoais, como também experiência diversificada, adquirida em vários tipos de negócios; portanto, pressupõem ter vários empregos ou cargos ao longo da vida profissional.

Referindo-se à nova realidade do trabalho enfrentada pelos Estados Unidos, Rifkin (1995, p. 38) cita Robert Reich, Secretário do Trabalho, que:

> alerta suas plateias para o fato de que os Estados Unidos estão entrando em uma nova economia global, altamente competitiva, e que, para serem bem-sucedidos nesta nova economia, nossos trabalhadores precisam ser mais bem educados, altamente capacitados e adaptáveis, bem como treinados para padrões de classe mundial.

Domenico De Masi (2000, p. 322) propõe nova visão do mundo do trabalho e vai mais longe quando proclama o direito ao ócio como única forma de equilíbrio existencial.

> De minha parte, consigo caracterizar a semente da felicidade apenas no trabalho criativo e no tempo livre; por isso, cultivo a hipótese de que o ócio, na sociedade pós-industrial, se torne tão importante quanto o trabalho, e que, aos poucos, acabe sendo a mesma coisa que ele, ambos assumindo as conotações do jogo.

Conclui-se dessas citações: não haverá o fim do emprego, as oportunidades de trabalho continuarão abertas para aqueles que se adaptarem às novas exigências empresariais na contratação de profissionais, que são valorizados pela sua capacitação, pela polivalência, pelo espírito empreendedor e pelos padrões de classe mundial.

A Empregabilidade/*Employability*

Em contraste com os anunciadores do fim do emprego, deve se ressaltar que a ideia mais difundida e que vem trazendo alterações conceituais e emocionais nos setores de Recursos Humanos, nos últimos anos no Brasil, foi a de *empregabilidade*. Os autores citados insistem que os candidatos empregáveis sejam bem treinados, dominem os conhecimentos de línguas estrangeiras, adquiram novas habilidades.

Capítulo 7: O Novo Cenário da Inter-relação Empresa-colaboradores

A empregabilidade surgiu no campo do trabalho brasileiro pela edição do livro *Empregabilidade – O caminho das pedras: como ter trabalho e remuneração sempre* (1995), de José Augusto Minarelli. Como toda ideia nova, essa assumiu também diferentes acepções para vários autores.

Minarelli parte do pressuposto de que o emprego por tempo prolongado não representa mais a base segura sobre a qual se pode assentar uma vida:

> *Tantas mudanças transformaram definitivamente o conceito de segurança profissional neste final de século. Ser um empregado fiel e dedicado não garante o emprego. Agora, a segurança é consequência da atratividade do prestador de serviços aos olhos dos empregadores, de acordo com as suas necessidades momentâneas. Curiosamente, as exigências do empregador são geralmente criadas pelas mudanças que eliminam a segurança do trabalho (1995, p. 41).*

Um das primeiras afirmações de Minarelli é a de que "mais importante do que ter emprego é ter empregabilidade". E define o conceito assim:

> *Empregabilidade é a condição de ser empregável, isto é, de dar ou conseguir emprego para os seus conhecimentos, habilidades e atitudes intencionalmente desenvolvidos por meio de educação e treinamento sintonizados com as novas necessidades do mercado de trabalho (1995, p. 11).*

Ressalte-se a necessidade de sintonia do preparo profissional *intencional* com as novas necessidades do mercado, o que é indispensável para a "autogestão de carreira e na construção de bases próprias" para se conseguir a *empregabilidade*. Isto é, ela não é automática, é uma conquista e um desafio para o autoconhecimento e a autogestão para se conseguir os objetivos pessoais e profissionais em um mercado novo, de alta competitividade no campo do conhecimento e das habilidades imprescindíveis na sua aplicação.

Afirma Minarelli (1995, p. 12):

> *O "caminho das pedras" para conquistar a segurança profissional e financeira é investir na autogestão da carreira e na cons-*

> *trução de bases próprias, sustentadas por seis pilares: adequação vocacional, competência profissional, idoneidade, saúde física e mental, reserva financeira, fontes alternativas e relacionamentos* (1995, p. 12).

Pode-se entender melhor o conceito analisando o que o autor define como bases da empregabilidade.

1. *Adequação vocacional* é exercer uma atividade que corresponde à vocação do candidato, "o que é essencial para o sucesso do trabalho autoempresariado, sem chefe, sem estrutura indutora, sem cadeia de demandas, de controle e de reforço. Esse primeiro pilar fortalece a empregabilidade na medida em que a ocupação corresponde a aptidões, facilidades, gostos e interesses do profissional".

2. *Competência profissional* "é sinônimo de capacitação profissional. Com ela você compete no mercado. Compreende os conhecimentos adquiridos, as habilidades físicas e mentais, o jeito de atuar e a experiência. É desenvolvida pela formação escolar, pelos treinamentos recebidos, pelo autodidatismo e pela vivência cotidiana".

3. *Idoneidade* está ligada ao comportamento ético, à honestidade pessoal, à ausência de práticas de corrupção. "O profissional idôneo, correto, honesto, que conduz sua vida e seu trabalho dentro de princípios legais e éticos, tem a seu favor a consideração, o apreço, a admiração e a confiança das pessoas. Alguém só é contratado se for idôneo; só será recomendado se for honesto; só será apresentado, elogiado ou convidado se for correto, confiável." A norma tradicional de seleção é, no momento de contratar, confirmar as referências junto aos antigos empregadores do candidato.

4. *Saúde física e mental.* "Cuidar da saúde é buscar continuamente o equilíbrio entre o trabalho e o lazer, entre a obrigação e a diversão, entre o papel profissional e os demais papéis que desempenhamos na vida. A grande sabedoria está em colocar o trabalho no seu devido lugar. Um corpo leve e saudável está mais preparado para enfrentar os desafios do dia a dia com mais prontidão."

5. *Reserva financeira e fontes alternativas.* Minarelli argumenta que a perda do emprego significa o fim da entrada de receita. E o profissional, para se atualizar, cuidar da saúde, saber encontrar tempo para o

trabalho e o lazer, tirar férias, viajar, precisa de dinheiro, que não está mais entrando. Logo, o profissional precisa ter uma reserva, seja para as emergências que podem ocorrer no dia a dia, seja para o período pós-demissão, pois quem não tem essa reserva praticamente não "tem onde cair morto", por mais desagradável que seja o comentário.

6. *Relacionamentos*. Grande importância é dada por Minarelli à rede de relacionamentos, baseado no fato de que quem conhece pessoas adquire informações e quem tem informações tem acesso a alguém ou a situações favoráveis; logo, outro grande patrimônio de um profissional é seu campo de relacionamento. "Eu costumo chamar os relacionamentos de capital social, uma vez que são construídos na vida em sociedade, na vida comunitária, na vida em família. Eles têm um valor e podem solucionar problemas."

Em síntese, pode-se dizer que em um mercado em que o desemprego é uma realidade, para se conquistar uma posição, ter *empregabilidade*, o trabalhador deve estar preparado profissionalmente, tendo os conhecimentos exigidos para a nova realidade, estar em sintonia com as tendências e exigências do mercado, preparo este não exigido no passado.

Inteligência Emocional

Outro conceito alinhado com os que anunciam novas oportunidades para o setor de RH é o de *inteligência emocional*. Começou a ser difundido no Brasil pela tradução, em 1996, do livro do psicólogo norte-americano Daniel Goleman, sob o título *Inteligência Emocional: a teoria revolucionária que redefine o que é ser inteligente*.

A tese não é nova, afirmam os executivos de RH, mas exerceu grande influência na mudança dos paradigmas do setor de RH. Devido a seu valor, esse conceito é apresentado com maior detalhe no Capítulo 5, que focaliza "a emoção na comunicação".

Perfil Antigo e Novo Perfil no Setor de RH

As novas ideias que vêm influenciando o setor de Recursos Humanos levaram a exigências maiores para a admissão dos empregados, para que se preparassem melhor para enfrentar os postulados da globalização, da tecnologia e das mudanças empresariais.

Para garantir a empregabilidade, exige-se dos candidatos habilidades específicas como o conhecimento de línguas, o empreendedorismo, a proatividade e a capacidade de trabalho. Como parte do novo perfil do trabalhador há outros requisitos que devem ser considerados: a alegria, a inteligência emocional, a criatividade, o espírito de trabalho em equipe, a liderança.

Simon Franco (1997, p. 33) ilustra bem o assunto quando, em quadro comparativo, desenha o que se pedia ontem e o que se solicita atualmente:

Perfil Antigo	Novo Perfil
Seguidor	Iniciativa
Leal	Liderança
Paciente	Criatividade
Especializado	Autodesenvolvimento
Executor	Multifuncionalidade
	Agilidade
	Flexibilidade
	Gerência de risco
	Educação
	Lógica de raciocínio
	Prontidão para resolver problemas
	Habilidade para lidar com pessoas
	Trabalho em equipe
	Conhecimentos de línguas
	Experiência em informática
	Resistência emocional

Não obstante a busca por tais requisitos, Elizenda Orlickas (1998, p. 8-9), ao comentar a situação atual da área de RH, constata que ainda há empresas que mantêm a antiga filosofia do Departamento de Pessoal, ao qual cabia, no passado:

> *a tarefa de admitir funcionários, registrá-los legalmente, controlar as normas seguidas por eles, puni-los, apontar seus cartões de ponto e dispensá-los. Cabia-lhe uma ação fiscalizadora e reguladora por excelência.*

Capítulo 7: O Novo Cenário da Inter-relação Empresa-colaboradores

Segundo esta autora (1998, p .11), a nova área de RH:

> *modificou-se e ampliou sua atuação: atualizou-se com a realidade socioeconômica, tornou-se um centro de investimento (business unit); adotou a estratégia de instrumentalizar e orientar executivos; seu planejamento passou a ser vinculado ao planejamento estratégico dos negócios da empresa; desenvolveu meios para que as pessoas possam caminhar, proativamente, na direção dos objetivos organizacionais; está preocupada em se aproximar do principal cliente da empresa, o próprio funcionário.*

> *As empresas sabem que, quanto melhor capacitar seus colaboradores, mais motivados eles estarão, maior desempenho apresentarão, maiores vendas, maior comprometimento e, consequentemente, mais valores estarão sendo agregados ao* business (Orlickas, 1998, p. 16).

Quanto à visão do setor de RH, Orlickas (1998, p. 17 e 19) insiste que RH tem de fazer parte do negócio e chama a atenção para a necessidade de se perscrutar as exigências futuras da empresa e de se trabalhar com um preciso plano de marketing para atingir os resultados programados:

> *RH tem que antecipar as tendências, pensar no que é preciso fazer hoje e também no que é preciso fazer daqui a algum tempo; pensar no novo perfil dos profissionais de RH, nas necessidades futuras da empresa. RH precisa fazer com relação às pessoas o mesmo que marketing faz com relação ao consumo: antecipar tendências e ser proativo. RH tem que fazer parte do negócio, viabilizando as estratégias no seu dia a dia.*

> *... a gestão de Recursos Humanos tem como missão identificar competências, potencializar seus talentos humanos e retroalimentá-los. O tempo todo.*

Simon Franco (1997, p. 25) não deixa de chamar a atenção para o suposto discurso renovador, pois muitas vezes esconde a resistência à adoção real de novos paradigmas:

> *O discurso modernizador acabou funcionando, em muitos casos, como uma proteção para que tudo continuasse do mesmo jeito. É muito comum uma empresa decidir contratar "gente nova", "novas cabeças", "pessoal diferente". Essa decisão dura até o*

momento de fazer a seleção. Quando aparece alguém realmente diferente, que tem conceitos e visões de trabalho que se chocam com a cultura estabelecida naquela empresa, o selecionador torce o nariz e pensa: "Esse cara não vai dar".

Novo Sistema de Gestão

As transformações do cenário de RH conduziram também a implantação de um novo sistema de gestão do setor. As empresas começaram a investir mais no setor e a cuidar, de maneira profissional, do processo de seleção e de treinamento de seus novos funcionários. Passou a ser importante não só contratar, mas encontrar pessoal com competências e habilidades necessárias para o melhor desempenho da organização e, ao mesmo tempo, estabeleceu-se a necessidade de reter os talentos encontrados. A linguagem tradicional de Recursos Humanos sofreu modificações e entrou em questão o investimento em capital humano, a gestão de pessoas, a gestão por competências. Qualidades não exigidas anteriormente, como proatividade, empreendedorismo, disposição para o trabalho em equipe, passaram a ser fatores decisivos na contratação. Diante desse novo cenário, as organizações aprenderam que, se não alterassem a sua política de RH, criando planos efetivos de carreira, remuneração condizente com os cargos, ambiente seguro e saudável de trabalho, tornar-se-ia difícil manter em suas fileiras talentos disputados pelo mercado de trabalho. O setor de RH passou a dispor de recursos de que até então não dispunha e a agir de maneira estratégica, embora ainda necessite assumir com maior decisão sua nova posição no cenário empresarial, como bem se expressa Priscila Gripp Soares (*Informe ABRH*, 2005, p. Ce 6):

> *Se de um lado as ferramentas se sofisticaram, a atuação estratégica da área de RH não foi percebida pelas lideranças. Esse profissional tem buscado o alinhamento ao negócio, o que não é suficiente para responder às demandas empresariais. Há indícios de que nossa área vive um momento de descompasso entre o poderio ferramental à sua disposição e o espaço de atuação para contribuir na ampliação da capacidade competitiva da empresa.*

Para ela, a gestão estratégica de pessoas e a articulação eficaz dos recursos organizacionais, particularmente os intangíveis, exigem uma nova agenda do profissional de RH, que deve ocupar espaço na linha de frente do negócio, liderando os processos que afetam a dinâmica de funcionamento da cultura organizacional e aplicando metodologias de forma crítica, para potencializar as competências das pessoas para a criação de valor.

Mudanças de Relações de Trabalho no Brasil

As análises até aqui apresentadas demonstram qual é o novo cenário de Recursos Humanos no Brasil, as alterações e os níveis de novas exigências dos candidatos, das empresas e da sociedade. Constata-se ampla mudança de paradigmas.

Ao se considerar as empresas tradicionais e seus métodos de gerenciamento de RH, chega-se à conclusão de que, por se tratar de empresas fundamentadas em uma hierarquia centralizada, responsável por todas as decisões e pela determinação rigorosa das funções, permaneceram por longo tempo engessadas na burocracia, fato que acabou por prejudicá-las de várias formas. Por exemplo, o excesso de restrições reduziu também a produtividade, a capacidade de competição no mercado pela lentidão das decisões e da adoção de novas tecnologias, como também pelo despreparo crescente de seus empregados.

Ressalte-se que os paradigmas tradicionais foram aos poucos sendo alterados e, nas duas últimas décadas, esse processo foi se acelerando, impulsionado pela globalização e pela entrada cada vez maior da tecnologia nos sistemas produtivos, seja pelo desenvolvimento da informática e de suas aplicações nos processos produtivos e de gerenciamento geral de todos os setores das organizações, seja pela criação de novos equipamentos capazes de gerar maior produtividade em menor espaço de tempo, com qualidade e menor custo.

Esses fatores, além de amparados pelas reestruturações empresarias, afetaram diretamente o quadro operacional, exigindo maior treinamento da mão de obra para que pudesse atender aos novos parâmetros de produção. Nessa linha, o setor de RH passou a ser gerenciado de maneira mais dinâmica, mais seletiva e mais preocupada com a capacitação e o treinamento das habilidades de seus funcionários, gerando uma nova forma de administração que viesse contemplar a realidade brasileira que, segundo Pastore, envolve dois modelos básicos de sistemas de relações de trabalho: o *estatutário* e o *negocial*.

> *No primeiro, a maioria dos direitos e deveres é garantida por lei. No segundo, isso é assegurado por um contrato firmado, diretamente, entre empregados e empregadores ou seus representantes (1994, p. 185).*

Apesar de todas as transformações da sociedade e do mundo do trabalho, o Brasil continua sendo um país de contrastes, inclusive no tratamento de sua força laboral. Pastore, ao analisar a necessidade de mais flexibilidade e menos regulamentação no mercado de trabalho, afirma:

> *A rigidez do sistema estatutário e dos custos sociais sobre mão de obra do setor formal brasileiro tende a ser incompatível com a necessidade de competir e melhorar a situação de emprego e de renda dos nossos trabalhadores.*
>
> *Entre nós, todavia, a economia vai para um lado e a legislação para outro. A Constituição de 1988, em lugar de flexibilizar e apenas estabelecer os grandes princípios no campo trabalhista, preferiu partir para o detalhe, aumentando ainda mais a rigidez e os custos indiretos já determinados pela CLT sobre a mão de obra. O Brasil é hoje em dia um dos países de mais baixos salários e mais altos encargos sociais (1993c e 1994, p. 206).*

Mas essa realidade começa a mudar, admite o próprio Pastore quando diz:

> *O Brasil não está fora do mundo. As novas condições econômicas determinadas pela revolução tecnológica, pelo aumento da competição mundial e recorrência da recessão vêm demandando estímulos para uma redução da legislação sobre o mercado de trabalho (1994, p. 206).*

No Brasil, pode-se concluir: ainda será necessário percorrer grande distância entre o que acontece no mercado de trabalho e o que está estabelecido por uma legislação centralizada e pouco flexível. As expectativas, porém, diante das novas exigências impostas às organizações em relação à seleção e ao treinamento de sua mão de obra, é de que o legalismo deverá, afinal, ceder em benefício da instituição de uma nova ordem, similar à de outros países mais liberais quanto ao reconhecimento da necessidade de se adaptar o mercado de trabalho às exigências de uma sociedade globalizada, que está a exigir maior interatividade entre as demandas legais de o trabalho.

Capítulo 8

Pesquisas sobre a Influência da Mídia-revista em Recursos Humanos

Introdução

O cenário de Recursos Humanos diante do fenômeno da globalização, de um mercado sem fronteiras, vem sofrendo pressões originadas das transformações empresariais tanto nos sistemas de produção como também nas estruturas internas, envolvendo de maneira especial os seus empregados, que se viram, de repente, tratados de forma muito diferente da tradicional. Novas exigências se instalaram, e o setor de Recursos Humanos passou a sofrer influências muito diversificadas, principalmente da mídia.

A influência da mídia na sociedade moderna é um fato incontestável. Seu poder persuasivo manifesta-se de modo patente nas diferentes formas da mídia impressa e eletrônica. Exerce seu poder redirecionando tendências, criando incertezas, sugerindo opiniões e oferecendo argumentos que podem gerar certezas ou provocar adesões. Atua de modo especial sobre o comportamento das pessoas, que, sem se darem conta, aceitam, no decorrer do tempo, nova visão de sua realidade e do contexto em que vivem, o que estimula mudanças em suas opiniões sobre grande variedade de assuntos.

Os fatos que impulsionam o mercado de trabalho e a mídia especializada em Recursos Humanos são decorrentes da tecnologia, impulsionada pela ideia de um mundo globalizado, que se viu, por sua vez, pela rapidez das mudanças, despreparado para responder a tantas transformações e sem mão de obra especializada para enfrentar de modo eficiente os novos desafios, pelas seguintes razões:

- A rapidez com que a tecnologia invadiu o mundo atual e o vem influenciando trouxe também preocupação com o mercado de trabalho.
- A tecnologia alterou profundamente as formas e as relações de trabalho; por isso, o desafio de encontrar um emprego (trabalho) tornou-se maior para quem necessita ganhar o pão de cada dia.
- Pela sua relevância e presença na sociedade de hoje, a mídia passou a tratar com regularidade questões ligadas ao emprego/desemprego, merecendo destaque o grande volume de artigos publicados, em especial pela "mídia-revista", tanto as de informação geral como as especializadas em Administração, Negócios e Recursos Humanos.

Diante desses fatos, o problema é saber em que medida e de que forma as revistas voltadas para o segmento de Recursos Humanos influenciam o desenvolvimento desta área e o comportamento das pessoas. A hipótese levantada foi a de que as revistas voltadas para o segmento de Recursos Humanos influenciam o respectivo departamento na mudança de comportamento, tanto dos gestores quanto de outros leitores jovens, profissionais, empresários, consultores e pessoas responsáveis pelo desenvolvimento de ações no setor. O objetivo geral da pesquisa foi o de estudar a influência da mídia-revista sobre o segmento de Recursos Humanos e o comportamento das pessoas, levando em conta três objetivos específicos:

1. Demonstrar que as revistas têm tratado as relações emprego/tecnologia de forma ampla e contribuído para esclarecer esse tema e as formas de gerenciamento de Recursos Humanos.
2. Verificar qual é o tratamento que essas revistas dão à tecnologia e sua possível interferência no emprego tradicional: se contribuem para eliminar posições, se alteram as formas de trabalho existentes e se introduzem novas funções.
3. Identificar qual a visão dessas revistas sobre as alterações que as organizações vêm proporcionando às novas formas de emprego, que as obrigaram a adotar o uso mais amplo da tecnologia na administração, na produção e na prestação de serviços.

Para atingir esses objetivos, foram pesquisadas: (a) quatro revistas de grande circulação: *Veja*, *IstoÉ*, *Época* (semanais) e *Exame* (quinzenal); (b) quatro revistas especializadas na área de Recursos Humanos: *Você S/A*, *Melhor*, *Vida&Trabalho*, *RH em Síntese/Gestão/Plus* e *Treinamento de Desenvolvimento de Pessoas* (mensais).

Com o intuito de encontrar respostas aos questionamentos, foram feitas três pesquisas: uma quantitativa e duas qualitativas. A primeira, junto a profissionais que trabalham na área de Recursos Humanos; a segunda, junto a empresários e consultores do setor; e a terceira, junto a editores e articulistas que publicam assuntos relacionados à área.

a) A *pesquisa quantitativa* procurou medir objetivamente o que o público dedicado ao setor de Recursos Humanos pensa sobre os artigos que leem nas revistas de informação geral e nas especializadas. Saber se, de fato, consideram que essas matérias interferem no comportamento das empresas e dos profissionais de Recursos Humanos.

b) A *pesquisa qualitativa* dirigida a executivos do setor teve o mesmo objetivo. Foi realizada com empresários, diretores, gerentes, consultores de Recursos Humanos, profissionais de comunicação e da área acadêmica, buscando levantar a opinião desse público qualificado sobre o papel que a mídia-revista exerce nos setores de Recursos Humanos, nas empresas a que prestam serviços e em suas próprias consultorias.

c) A *pesquisa qualitativa* focalizou os editores de revistas de informação geral e especializadas e os articulistas. Procurou saber com que intenção as revistas mantêm editorias de Recursos Humanos e que expectativas têm em relação a elas, indagando: seu objetivo é apenas informar ou realmente influenciar o setor para tentar mudá-lo?

O estudo foi também fundamentado em autores que tratam do tema em foco e oferecem uma visão atual sobre o mercado de trabalho e de suas novas exigências.

Pode-se citar os autores denominados, por Domenico De Masi, "negativistas", isto é, aqueles que anunciam o fim do emprego, como William Bridges, Jeremy Rifkin, que, com forte pessimismo, preveem o declínio inevitável dos níveis de emprego e a redução da força de trabalho.

Mereceram, também, atenção os autores considerados "otimistas": aqueles que pregam o empreendedorismo, a empregabilidade, a adaptação aos novos paradigmas, como José Pastore, Renato Bernhoeft, Domenico De Masi, Roberto Macedo, José Augusto Minarelli, Elizenda Orlickas, Euclydes Barbulho e José Carlos Figueiredo.

Levou-se também em consideração que a mídia não só focaliza o mercado, mas emprega um vocabulário novo, ágil, de cunho tecnológico, capaz de descrever e explicar a nova realidade, deixando de lado a terminologia tradicional do sistema hierarquizado e fechado de trabalho. Por isso, é preciso estar atento aos termos introduzidos, como os ligados a Recursos Humanos – *downsizing*; *rightsizing*; unidades e células de manufatura; normas ISO 9000; qualidade total; reengenharia – bem como aos termos específicos oriundos da informática (*e-learning, e-commerce, business to business, webs*, internet e intranet), para se saber que conteúdos ocultam, e se seu uso contribui para a alteração das relações sociais e pessoais dentro da realidade criada.

A seguir, para precisão da interpretação dos dados da pesquisa, alguns dos termos mais frequentemente empregados pela mídia impressa, quando se dedica ao tema, descritos de maneira sucinta de acordo com Milioni, Minarelli, Wiegerinck e França.

Em primeiro lugar entende-se por *mídia* o conjunto de veículos de comunicação de massa e por mídia-revista a segmentação da mídia de massa, que pode ser considerada quanto a seus aspectos de informação geral e especializada.

Outros termos empregados com novas conotações:

a) *Emprego* – foco do paradigma tradicional de trabalho: expressa a necessidade formal de se estar ligado de modo legal a uma organização e dela dependente de modo permanente.

b) *Trabalho* – forma de se ter uma ocupação geradora de lucros, de adaptação às novas redes de relação capital-trabalho, sem necessidade de vínculos permanentes, como no emprego.

c) *Empregabilidade* – forma de se ter capacitação profissional permanente e flexibilidade na adaptação às novas funções exigidas pelo novo sistema de trabalho.

d) *Tecnologia* – soma de recursos técnicos capazes de alterar as formas de produção em termos de qualidade, produtividade e lucratividade.

e) *Recursos Humanos* – conhecimento de pessoas e de suas competências e habilidades, enquanto passíveis de ocuparem posições no mercado de trabalho, de acordo com seu potencial e os novos parâmetros organizacionais.

f) *Treinamento* – exercício permanente de aperfeiçoamento do ser humano, tornando-o apto ao uso e usufruto da tecnologia.

g) *Inovação* – intuição positiva que vai ao encontro da necessidade de antever e aceitar novas oportunidades para ser bem-sucedido.

h) *Habilidades* – conjunto de requisitos exclusivos da pessoa que a leva a ter flexibilidade e capacidade de desempenhar novas funções.

i) *Conhecimento* – capacidade de absorver a tecnologia de forma ampla e específica e de utilizá-la de forma prática e produtiva, com resultados práticos.

1. Pesquisa Quantitativa com Profissionais da Área de Recursos Humanos

Essa pesquisa, que procura identificar a influência da mídia-revista nos trabalhadores em empresas de Recursos Humanos, aborda 12 temas mais comumente focalizados na gestão de RH: emprego, trabalho, empregabilidade, tecnologia, recursos humanos, treinamento, habilidades, domínio da tecnologia, domínio de línguas estrangeiras, empreendedorismo, inteligência emocional e influência de autores atuais. A discriminação desses temas e os resultados obtidos são apresentados a seguir.

Questão 1 – Emprego

Na sua opinião, a mídia-revista trata das questões ligadas ao emprego nos dias de hoje:

a) De forma superficial.

b) De forma inadequada.

c) De forma adequada.

d) De maneira profunda.

e) De maneira qualificada.

Obs.: NR = não respondida.

Quadro estatístico de respostas e gráfico		
A	80	41,66%
B	19	9,90%
C	61	31,78%
D	1	0,52%
E	23	11,98%
NR	8	4,16%

EMPREGO

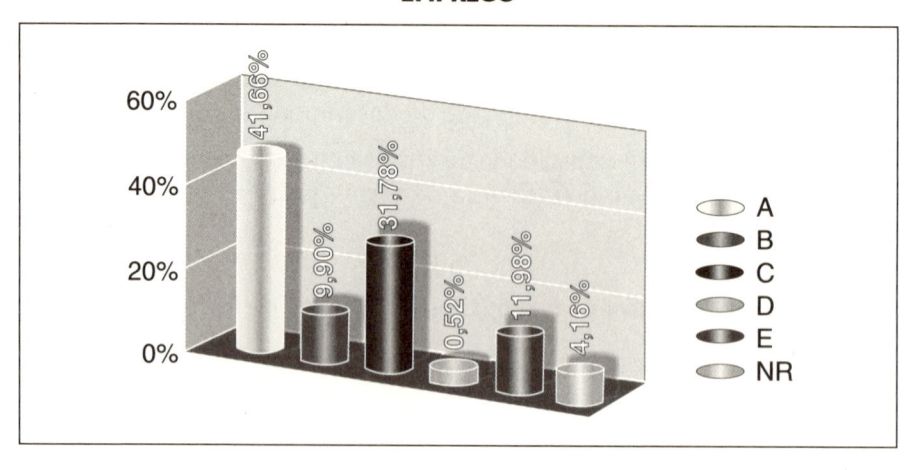

[Gráfico de barras com valores: A: 41,66%, B: 9,90%, C: 31,78%, D: 0,52%, E: 11,98%, NR: 4,16%]

Análise:

Dos respondentes, 41,66% julgam que a mídia-revista trata o emprego de maneira superficial; 31,78% consideram que o tratamento é adequado. Levando em conta que houve uma superposição de conceitos nos itens "c", "d" e "e", temos 11,98% para tratamento qualificado e apenas 0,52% para profundo.

Conclui-se, portanto, que os respondentes não aceitam que a mídia-revista trate os temas sobre RH de maneira profunda, mas admitem que são abordados de maneira adequada e qualificada (31,78% + 11,98% = 43,76%), com apenas 9,90% indicando tratamento inadequado; 4,16% não responderam.

Questão 2 – Perguntas relativas ao trabalho

As questões relacionadas ao trabalho, como forma de fazer parte da cadeia produtiva, como são tratadas?

a) De forma superficial.

b) De forma inadequada.

c) De forma adequada.

d) De maneira profunda.

e) De maneira qualificada.

Quadro estatístico de respostas e gráfico		
A	72	37,50%
B	29	15,10%
C	67	34,90%
D	7	3,65%
E	4	2,08%
NR	13	6,77%

TRABALHO

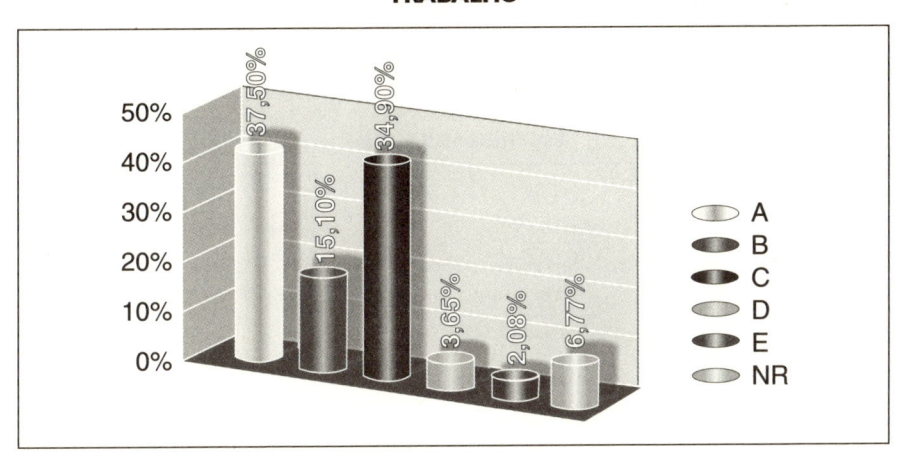

Análise:

Nesta questão, 37,50% são de opinião que as questões relativas ao trabalho são tratadas de forma superficial; 34,90%, de forma adequada; 15,10%, de forma inadequada. Embora possa ser feita a mesma observação de redundância citada na questão anterior nos itens "c", "d" e "e", no caso, as respostas "d" e "e" são irrelevantes, o que não prejudica o fato pesquisado; 6,77% não responderam.

Questão 3 – Empregabilidade

Na sua opinião, o termo "empregabilidade":

a) Traz novidades positivas para RH.

b) Influencia diretamente nos conceitos tradicionais utilizados por RH.

c) Trata-se de mais um modismo sem sentido.

d) Prejudica a relação candidato/selecionador.

e) É algo que não deve merecer atenção.

Quadro estatístico de respostas e gráfico		
A	68	35,42%
B	85	44,27%
C	22	11,46%
D	5	2,60%
E	4	2,08%
NR	8	4,17%

EMPREGABILIDADE

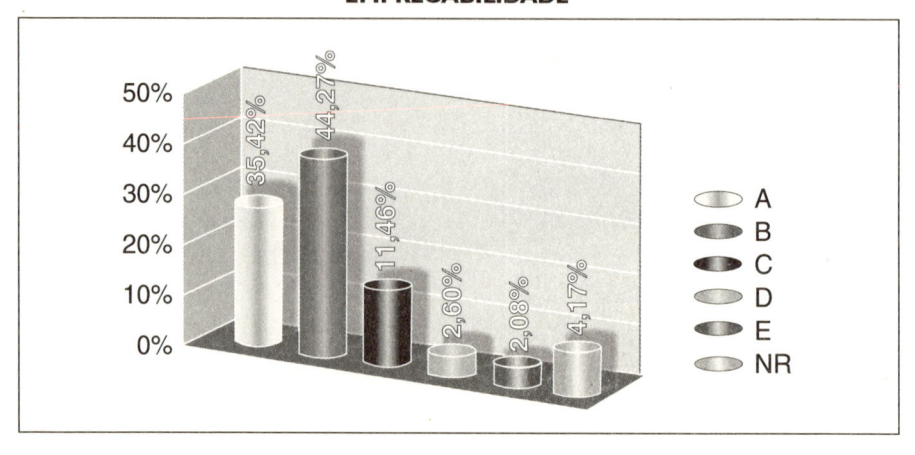

Análise:

Nesta questão, 44,27% consideram que a empregabilidade influencia diretamente nos conceitos tradicionais utilizados por RH, enquanto 35,42% acreditam que traz ideias novas para RH, o que atinge um índice de 79,69% (44,27% + 35,42%). Este dado demonstra a importância do conceito na área de RH nos dias de hoje, fato confirmado pelo baixo índice de apenas 11,46% que o indicam como modismo.

É um conceito que deve merecer atenção e que não prejudica a relação candidato/selecionador, pois seu nível positivo de concentração é de 79,69%; 4,17% não responderam.

Questão 4 – Tecnologia

Como analisa a relação entre o emprego e a tecnologia e a forma como esses temas são abordados pelas revistas de RH?

a) A tecnologia pode contribuir para a geração de novos empregos.

b) Contribui positivamente para o treinamento de pessoal da empresa.

c) Contribui para aumentar o desemprego.

d) Torna-se fator de risco na gestão de RH.

e) É indiferente no mercado de trabalho.

Quadro estatístico de respostas e gráfico		
A	75	39,06%
B	75	39,06%
C	27	14,06%
D	8	4,17%
E	2	1,04%
NR	5	2,61%

TECNOLOGIA

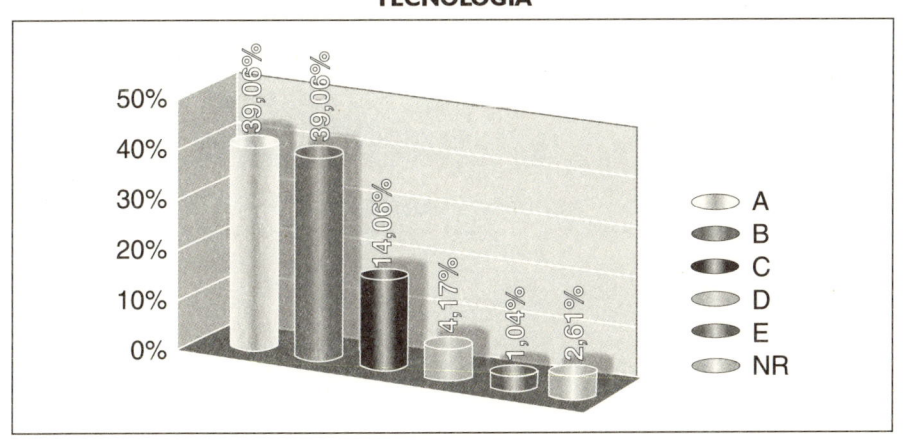

Análise:

A relação que existe entre o emprego e a tecnologia é positiva, pois 78,12% (39,06% + 39,06%) dos respondentes afirmam que a tecnologia contribui para a geração de empregos e para melhorar o nível operacional dos empregados.

Apenas 14,06% admitem que a tecnologia contribui para aumentar o desemprego. Não é também considerada a tecnologia fator de risco no mercado de trabalho e na área de RH; 2,61% não responderam.

Questão 5 – Recursos Humanos

As revistas especializadas em Recursos Humanos:

a) Contribuem de modo muito forte para mudar as atitudes do setor de RH.

b) São responsáveis pelas transformações dos departamentos de RH nas empresas.

c) Não influenciaram diretamente nos conceitos tradicionais utilizados por RH.

d) Publicam artigos não adequados à realidade brasileira.

e) Não influenciam de forma significativa o setor de RH.

Quadro estatístico de respostas e gráfico		
A	71	36,98%
B	22	11,46%
C	41	21,35%
D	16	8,33%
E	33	17,19%
NR	9	4,69%

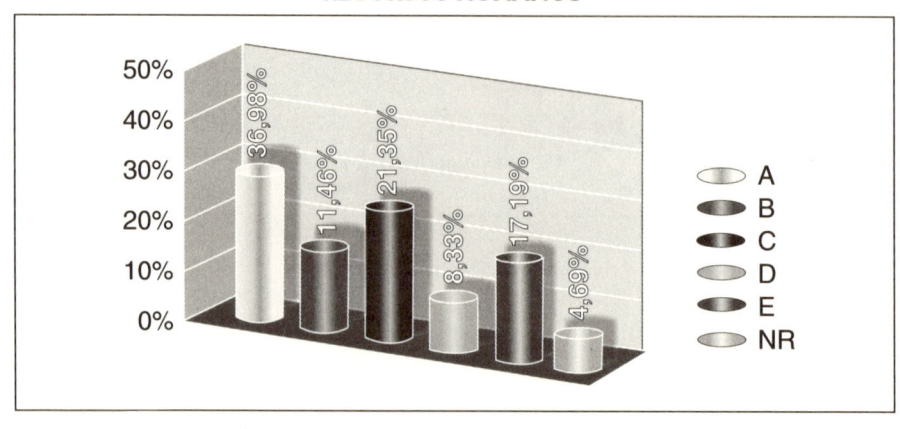

Análise:

Para melhor identificar o sentido das respostas dadas a esta questão, que ficou imprecisa devido à semelhança das questões A+B e C+E, formamos dois grupos para análise:

- A+B, que representam 48,44% e admitem que as revistas exercem forte influência na área de RH e contribuem para as mudanças que nela acontecem.

- No grupo C+E, 38,54% dos respondentes afirmam que as revistas não influenciam diretamente, nem de forma significativa, o setor.

A aparente discrepância pode ser assim interpretada: existe a influência, mas essa não é decisiva nas mudanças; 4,69% não responderam.

Questão 6 – Treinamento

Os temas de treinamento são constantemente focalizados pelas revistas de administração e de Recursos Humanos.

Na sua opinião:

a) Alertam as empresas sobre a necessidade de dar maior treinamento aos empregados diante da concorrência internacional.

b) Contribuem para que as empresas adotem novas técnicas de treinamento.

c) São indiferentes ao abordar o tema treinamento.

d) Confundem os responsáveis pelo treinamento de lideranças na empresa.

e) Aproximam-se muito dos atuais modismos sobre RH.

Quadro estatístico de respostas e gráfico		
A	51	26,56%
B	88	45,83%
C	7	3,65%
D	5	2,60%
E	30	15,63%
NR	11	5,73%

TREINAMENTO

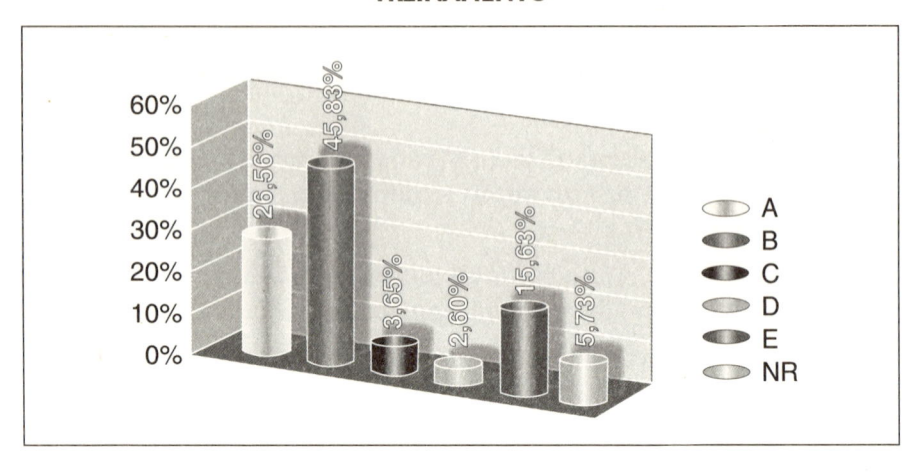

[Gráfico de barras: A 26,56%; B 45,83%; C 3,65%; D 2,60%; E 15,63%; NR 5,73%]

Análise:

A focalização do treinamento pelas revistas de administração e de RH para 45,83% dos respondentes contribuiu para que as empresas adotassem novas técnicas para treinar seu pessoal, o que indica forte influência da mídia pesquisada no setor de RH.

A resposta A (26,56%) reforça e é coerente com a afirmação de que os artigos das revistas alertam as empresas sobre a necessidade de dar maior treinamento a seu pessoal diante da concorrência internacional. Portanto, o nível de concentração a favor da influência da mídia no treinamento é de 72,39% (26,56% + 45,83%).

Apenas 15,63% aceitam que as revistas tratam de modismos e que não têm peso em relação ao resultado positivo; 5,73% não responderam.

Questão 7 – Habilidades

É comum as revistas publicarem muitas matérias sobre a necessidade de os empregados terem novas habilidades para permanecer no trabalho.

Na sua opinião:

a) As revistas são pioneiras em trazer novidades para as empresas no setor de RH.

b) As revistas estimulam a busca pelo treinamento dirigido para tarefas especiais.

c) Os novos métodos trazidos pelas revistas não são adequados às empresas brasileiras.

d) As revistas contribuem para a discriminação das pessoas dentro das empresas.

e) As revistas podem ser dispensadas como recurso estratégico para RH.

Quadro estatístico de respostas e gráfico		
A	27	14,06%
B	112	58,33%
C	23	11,98%
D	10	5,21%
E	16	8,33%
NR	4	2,09%

HABILIDADES

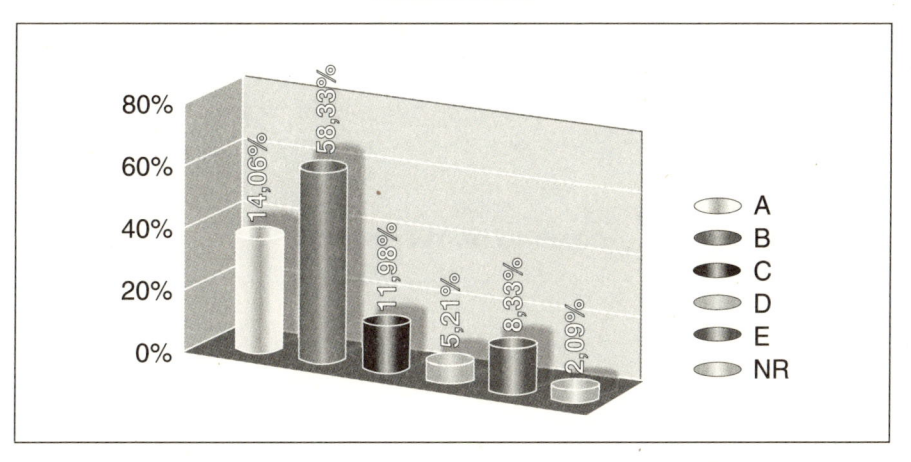

Análise:

Nesta questão, o ponto de concentração foi o fato de que a mídia-revista estimula a busca pelo treinamento dirigido para novas tarefas (58,33%); portanto, leva à preparação para novas habilidades ou tarefas especiais.

Por outro lado, 14,06% dos respondentes negam que as revistas sejam pioneiras em trazer novidades para RH; 2,09% não responderam.

Questão 8 – Domínio da tecnologia

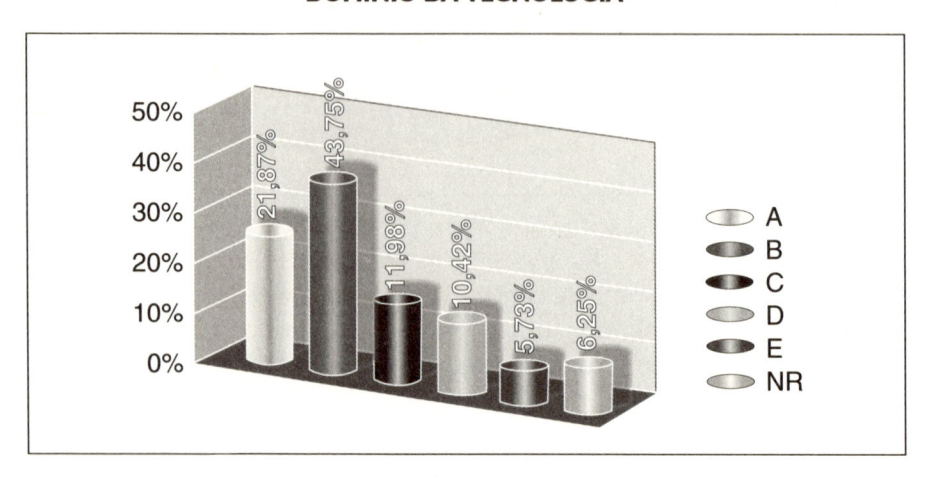

As revistas podem interferir no uso da tecnologia na área de RH:

a) Ressaltando que a tecnologia aumenta a possibilidade de carreira na empresa.

b) Levando os empregados a mudar de atitude para poderem trabalhar em empresas modernas.

c) Não interferindo por suas matérias no desempenho dos empregados.

d) Confundindo tecnologia com o potencial de desempenho das pessoas.

e) Levando candidatos preparados ao pessimismo.

Quadro estatístico de respostas e gráfico		
A	42	21,87%
B	84	43,75%
C	23	11,98%
D	20	10,42%
E	11	5,73%
NR	12	6,25%

DOMÍNIO DA TECNOLOGIA

Análise:

Nesta questão, o foco das respostas, com 43,75%, indica que a mídia-revista estimula os empregados a mudarem de atitude para poderem trabalhar nas empresas de hoje.

É também positiva a posição dos respondentes que, em número de 21,87%, admitem que a tecnologia aumenta a possibilidade de carreira na empresa.

As duas posições são, portanto, favoráveis à tecnologia como fator positivo de influência na área de RH, o que reflete um total de 65,62% (21,87% + 43,75%) de influência da mídia-revista na área de RH; 6,25% não responderam.

Questão 9 – Domínio de línguas estrangeiras

Como as revistas contribuem para o domínio de línguas estrangeiras em um país com inúmeras multinacionais?

a) Alertando os trabalhadores sobre a mudança de conceitos para serem contratados.

b) Estimulando os trabalhadores a voltar ao estudo como forma de autovalorização.

c) Tratando o assunto de forma adequada e estimulante para os empregados.

d) Amedrontando os candidatos mal preparados.

e) Exagerando em demasia a importância do conhecimento de línguas estrangeiras no mercado de trabalho.

Quadro estatístico de respostas e gráfico		
A	83	43,23%
B	56	29,17%
C	17	8,85%
D	12	6,25%
E	20	10,42%
NR	4	2,08%

DOMÍNIO DE LÍNGUAS ESTRANGEIRAS

Gráfico de barras com os valores: A = 43,23%; B = 29,17%; C = 8,85%; D = 6,25%; E = 10,42%; NR = 2,08%.

Análise:

Os respondentes desta questão concentraram sua posição na influência da mídia-revista na mudança conceitual proporcionada pela mídia-revista e na necessidade de melhorarem o seu preparo intelectual.

Assim, temos 72,40% (A+B) de indicação de influência real das revistas na área de RH; neste caso, na parte mais nobre, qual seja, a mudança de mentalidade como forma de adaptação à nova realidade das empresas.

Considerando que o público das revistas é constituído por profissionais de RH, pode-se dizer que se tornam mais conscientes das novas necessidades de seu setor e que passam para os seus subordinados as preocupações atuais do mercado de trabalho. Os demais dados tornam-se irrelevantes diante da concentração das respostas nos itens A e B; 2,08% não responderam.

Questão 10 – Empreendedorismo

As revistas dedicam grandes espaços ao empreendedorismo:

a) Colocam o empreendedorismo como qualidade básica para o trabalhador moderno.

b) Descrevem várias formas de se compreender o que é o empreendedorismo.

c) Confundem empreendedorismo com o bom desempenho dos empregados.

d) Dão a impressão de que todos podem atingir o objetivo de empreendedor.

e) Os artigos nem sempre devem merecer atenção por serem irrelevantes.

Quadro estatístico de respostas e gráfico		
A	43	22,40%
B	50	26,04%
C	30	15,63%
D	50	26,04%
E	4	2,08%
NR	15	7,81%

EMPREENDEDORISMO

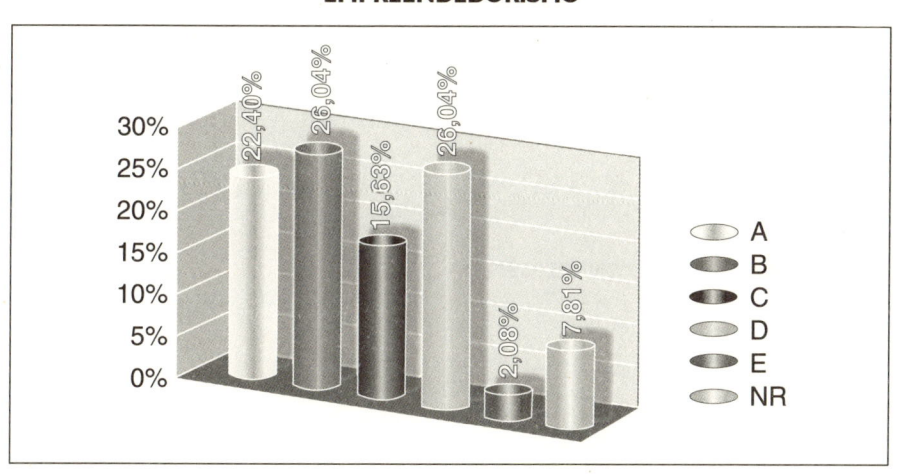

Análise:

Nesta questão, quatro aspectos podem ser analisados. Dois positivos: 26,04% opinam que as revistas descrevem várias formas de ver o empreendedorismo; 26,04% dão a impressão de que todos podem atingir o objetivo de ser empreendedor. E mais: 22,40% também pensam positivamente, pois colocam o empreendedorismo como qualidade para o trabalhador moderno. Porém, 15,63% opinam que as revistas confundem empreendedorismo com bom desempenho. Nota-se, portanto, importante influência da mídia-revista na introdução de novas exigências e novos conceitos na área de RH; 7,81% não responderam.

Questão 11 – Inteligência emocional

A mídia-revista de Recursos Humanos dá muita relevância à chamada inteligência emocional. Na sua opinião:

a) Deve-se dar muita importância à inteligência emocional.

b) É um fator novo que deve ser estudado com maior profundidade.

c) O papel da inteligência emocional está sendo distorcido.

d) Não é verdade que mais vale o emocional do que o conhecimento.

e) Trata-se de mais um modismo que não leva a nada.

Quadro estatístico de respostas e gráfico		
A	69	35,94%
B	73	38,02%
C	19	9,89%
D	10	5,21%
E	8	4,17%
NR	13	6,77%

INTELIGÊNCIA EMOCIONAL

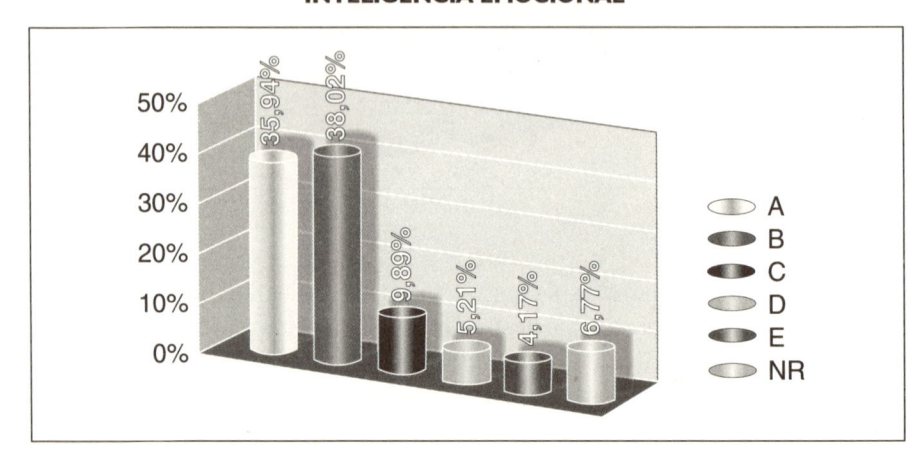

Análise:

Nesta questão, é interessante observar a importância dada à Inteligência Emocional como fator novo, importante, e que deve ser estudado com maior profundidade, pois a concentração neste sentido é de 73,96% (A+B). Apenas 9,89% admitem que o papel da IE está sendo distorcido; é desprezível a sua consideração como modismo nos itens D e E; 6,77% não responderam.

Questão 12 – Influência de Autores de Recursos Humanos

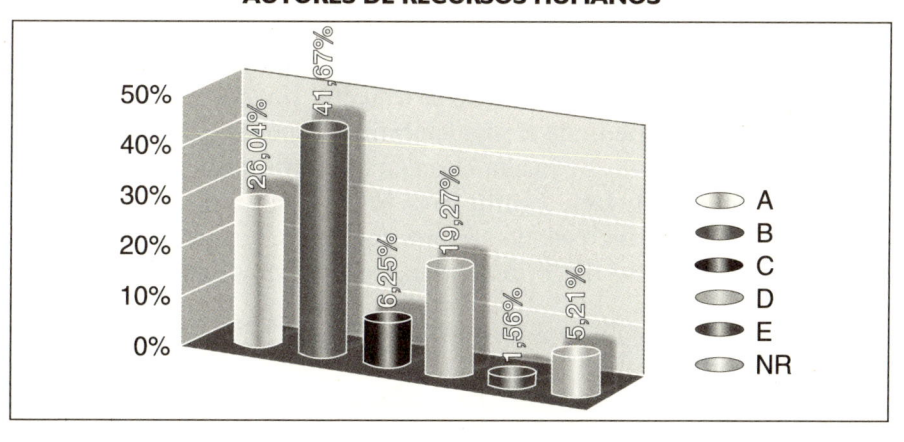

Há muitos autores que são citados frequentemente como "gurus" de Recursos Humanos. Esses autores têm contribuído para:

a) Renovar a área de Recursos Humanos.

b) Modificar posições tradicionais.

c) Na realidade, minimizar sua importância para o setor.

d) Aumentar os modismos da área de Recursos Humanos.

e) Aumentar as incertezas na gestão de Recursos Humanos.

Quadro estatístico de respostas e gráfico		
A	50	26,04%
B	80	41,67%
C	12	6,25%
D	37	19,27%
E	3	1,56%
NR	10	5,21%

AUTORES DE RECURSOS HUMANOS

Análise:

A contribuição dos autores da área de RH, atualmente, é considerada de grande importância pelos respondentes, para modificar posições tradicionais do setor, tendo atingido uma concentração de 67,71% (A+B). Todavia, uma parcela de 19,27% afirma que as revistas contribuem para aumentar os modismos da área de RH; 5,21% não responderam.

Comentários sobre os resultados da pesquisa quantitativa

Os resultados encontrados na pesquisa demonstram que a hipótese de que a mídia-revista trata de forma ampla o tema RH e contribui para o seu gerenciamento foi confirmada, como também a segunda hipótese, que previa a interferência do fator tecnologia no setor, nele interferindo e criando novas oportunidades de trabalho. Da mesma forma, os resultados da pesquisa atestam que foram comprovadas também as hipóteses que afirmavam que as empresas alteraram os setores de Recursos Humanos e adotaram novas formas de empregos, de treinamento, influenciadas pela presença e pelas exigências da tecnologia que alterou as estruturas empresariais e as formas de produção industrial.

Alguns fatores devem ser ressaltados nos resultados da pesquisa quantitativa.

Em primeiro lugar, a admissão de que a mídia-revista, além de informar, influencia o setor de Recursos Humanos, tanto no que se refere à informação, como à divulgação e introdução de mudanças, de melhoria de treinamento e de enfoque das atividades do setor. Em apenas dois momentos houve afirmações negativas em relação a essa mídia: (a) na questão "emprego", quando 41,66% julgam que o tema é tratado superficialmente; porém, 32,30% consideram o tratamento dado ao tema adequado e de qualidade; (b) na questão do conceito de trabalho, quando 37,50% afirmam que é igualmente tratado de forma superficial; apenas 34,90% admitem que é tratado de forma adequada. Nos demais casos, os respondentes admitem claramente que há significativa influência da mídia-revista em Recursos Humanos, merecendo ser ressaltados os seguintes pontos, que obtiveram altos índices de concentração nas respostas positivas:

1. O conceito que mais influenciou o setor de RH foi o de *empregabilidade*, que obteve um nível de concentração de 79,69% de ação direta, e trouxe inovações na mudança de conceitos de emprego e

trabalho e nas exigências de reciclagem dos trabalhadores, para que possam assumir novas posições.

2. Outro fator que veio alterar de forma significativa o setor de RH foi a *tecnologia*, com nível de concentração de 78,12%. Embora possa eliminar algumas funções, tem maior força na geração de novas oportunidades de trabalho, exigindo, por sua vez, mais treinamento dos trabalhadores e estimulando-os a enfrentar esses desafios.

3. Em terceiro lugar, outro conceito divulgado pelas revistas e que influenciou os procedimentos de RH foi a descoberta da *inteligência emocional*, com nível de concentração de 73,96%. Esse conceito trouxe inovações nas relações pessoais, humanizando-as, e nas exigências de novo perfil dos trabalhadores, que devem se tornar equilibrados intelectual e emocionalmente para manterem saudáveis relacionamentos nas empresas. A opinião é que o conceito deve ser estudado mais profundamente, pois vai se tornar novo paradigma no setor de RH.

4. Em quarto lugar, a mídia estudada, com 72,39% dos respondentes, exerce influência e gera mudanças na melhoria do *treinamento de pessoal*, que deve ser constante e adequado às novas exigências das funções. Alerta ainda os analistas para a necessidade do treinamento como forma de enfrentar a concorrência.

5. Outro destaque é a importância dada pelos respondentes (72,40%) à necessidade do *conhecimento de línguas estrangeiras*, nos dias de hoje, como fator diferencial para se conseguir e manter a empregabilidade.

6. Com um nível de 67,71%, os respondentes admitem que os autores que tratam dos Recursos Humanos influenciam na gestão do setor e nas mudanças que devem ser feitas, e divulgam as tendências atuais e o que as empresas estão praticando nesta área.

7. Na questão das *habilidades*, 58,33% afirmam que as empresas estão exigindo novas habilidades dos trabalhadores e que a busca por aperfeiçoamento está estimulando ambos a se manterem mais bem preparados para o mercado de trabalho.

8. O *empreendedorismo* é considerado por 48,44% fator importante na manutenção da proatividade dos trabalhadores e na configuração do perfil desejado pelas empresas no momento da contratação.

9. Quanto à influência das revistas no setor *específico de RH*, há uma dupla interpretação: 48,44% afirmam que a mídia-revista influencia as mudanças no setor, porém 38,54% não admitem que essa influência seja direta e significativa. Isso indica que é admitida a pressão da mídia de maneira geral, todavia não a ponto de interferir nas decisões, o que indica a resistência em admitir formalmente a interferência das revistas na gestão de RH.

Principais conclusões

A primeira conclusão que se pode tirar dos dados apresentados é que, para o público pesquisado, existe, de fato, íntima inter-relação entre a mídia-revista e o setor de Recursos Humanos e que este recebe muito mais pressão da mídia nas suas ações do que se supõe.

Uma segunda conclusão constata que há alguns fatores que exercem alta influência sobre o setor de RH, tais como o conceito de empregabilidade, a presença da tecnologia, a inteligência emocional, a necessidade de treinamento diante das exigências atuais das empresas, bem como o dever de adquirir novas habilidades e o conhecimento de línguas estrangeiras, para o enfrentamento do mercado de trabalho e para se manter a ele ligado de maneira adequada.

Afinal, a terceira conclusão leva à constatação de que a mídia-revista, assim como os autores que se dedicam ao tema, vêm exercendo influência benéfica no setor de RH e que este, sob a pressão de novos fatores, precisa mudar imediatamente seus velhos paradigmas, para corresponder ao que o mercado de trabalho está a exigir dele.

2. Pesquisa qualitativa – executivos

Os executivos ouvidos situam-se na posição de diretores e consultores. Foram selecionados 12 nomes altamente representativos do setor de Recursos Humanos e da Comunicação, qualificados pela sua formação, longa e diversificada experiência, tanto na gestão de RH e na consultoria de grandes empresas, como na administração de empresas próprias.

Questionário da pesquisa qualitativa

Doze pontos foram selecionados para a aplicação dessa pesquisa que aborda mais a gestão de Recursos Humanos, tentando saber dos executivos que opinião tinham sobre o valor dos artigos publicados pela mídia-revista, suas correlações com os temas da pesquisa quantitativa e se influenciam – e de que maneira – na gestão de Recursos Humanos, das consultorias e das empresas. Foi utilizado o seguinte questionário.

1. Na sua opinião, como as revistas semanais de notícias têm abordado a questão do emprego diante da tecnologia?
2. Como você analisa o enfoque dado ao problema do emprego e da tecnologia pelas revistas especializadas em Recursos Humanos?
3. O problema do emprego é tratado de forma profunda ou superficial pela mídia-revista?
4. Que contribuição tem trazido essa mídia na abordagem do importante problema de recrutamento, seleção, contratação e administração de Recursos Humanos?
5. Como as revistas têm focalizado a tecnologia e suas consequências nas formas de emprego e na diminuição ou eliminação de vagas de trabalho?
6. Retomando a questão anterior, que aspectos podem ser considerados positivos e que aspectos são negativos na relação emprego/tecnologia?
7. As revistas especializadas em Recursos Humanos têm introduzido novas formas de abordar o emprego, os conflitos capital × trabalho, velhos e novos paradigmas no mercado de trabalho? Como se pode identificar e explicar o tratamento dado pelas revistas a essa matéria?
8. No seu trabalho pessoal, qual tem sido a influência da mídia-revista na gestão de Recursos Humanos?
9. Acredita que a influência da mídia-revista é algo que vai interferir positivamente na nova gestão de Recursos Humanos, ou representa mais um modismo que não irá vingar?
10. Na sua opinião, a mídia-revista influencia de maneira profunda ou não na moderna administração de Recursos Humanos?
11. O que dizer do excesso de importância dada pelas revistas ao que se convencionou chamar de inteligência emocional?
12. Acredita que há autores que, de fato, estão inovando na área de Recursos Humanos, ou apenas repetem velhas formas sob novas roupagens?

Questão 1. *Na sua opinião, como as revistas semanais de notícias têm abordado a questão do emprego diante da tecnologia?*

Em sua maioria (sete dos 12 respondentes), os entrevistados consideram a abordagem do emprego/tecnologia, pelas revistas semanais, superficial, informativa, sem aprofundar o tema. "As revistas abordam esses temas de forma bastante superficial"; "a temática não ganha profundidade"; "é tratada de forma superficial e muitas vezes contraditória". Dois entrevistados afirmam que a abordagem do tema é feita na medida adequada, pois não é o objetivo principal das revistas, que é informar os leitores sobre os avanços e as formas como as notícias podem influenciar o mercado de trabalho. "Há uma avalanche de teses e artigos que pretendem mostrar o novo perfil do executivo moderno diante da inovação tecnológica, da globalização, da velocidade cada vez maior da informação, bem como diante do enfoque de prioridade do OE sobre o tradicional OI. Raro o texto prático, conceitual, que seja de fato apoio a uma transição efetiva de carreira dos atuais executivos – o que deveria ser o objetivo final desses artigos." De modo geral, apura-se das respostas que as revistas tratam o tema de modo ideal, generalizam a opinião de um entrevistado como se fosse válida para todos os casos ou defendem determinado ponto de vista (da editoria). Adotam, por vezes, enfoque sensacionalista, contraditório até; não inserem o tema no seu contexto. Há, porém, exceções: por exemplo, na revista *Exame* e nas específicas de RH. Neste sentido, há opiniões que admitem seriedade no tratamento do tema: "percebe-se a busca de maior criticidade e verdade"; "a questão tecnologia × emprego – ou melhor, desemprego – vem sendo tratada, às vezes, de forma séria e competente, respeitando o lado humano do problema".

Os artigos servem de alerta para que as pessoas acompanhem o que está acontecendo, saibam qual é o "novo" perfil do executivo diante da inovação tecnológica.

Questão 2. *Como você analisa o enfoque dado ao problema do emprego e da tecnologia pelas revistas especializadas em RH?*

Nas respostas predomina ainda a impressão de que as revistas "deixam a desejar quando tratam do tema tecnologia". São muito pobres, superficiais "em sua maioria"; "poderiam ser mais profundas se mostrassem números, pesquisas, análises pautadas na realidade"; "os temas não têm sido muito diversos daqueles publicados pelas revistas semanais de notícias".

Predomina "o enfoque tecnicista, de exatidão em tecnologia em detrimento do trabalho"; "existe um sentimento de separação muito grande entre pessoas e tecnologia". "Em RH focaliza-se mais a questão social e os aspectos humanos sem entrar nas causas reais do problema".

Há, porém, quem afirme: "têm trazido contribuições relevantes para uma reflexão necessária". A contribuição das revistas é boa, mas não para trazer soluções: "Falam do novo perfil para os trabalhadores, sobre a importância da retenção de talentos, mostram os setores que estão contratando e os que não estão, mas não trazem nenhuma solução para os paradoxos atuais, por exemplo, como conciliar vida profissional e vida pessoal". Indicam "a necessidade de as pessoas se reeducarem e se realizarem, mas também não dão a fórmula". "Chamam a atenção para o que há de novo e tentam citar exemplos do que está se fazendo no exterior".

Há casos em que as revistas parecem se dirigir apenas a públicos superatualizados, a multinacionais, e usam linguagem pouco acessível, sem levar em conta quem está fora das grandes empresas.

Questão 3. *O problema do emprego é tratado de forma profunda ou superficial pela mídia-revista?*

A opinião geral dos respondentes é de que o tema é tratado de forma superficial: "de maneira superficial, sem atingir a variedade necessária e típica da realidade brasileira"; "de forma superficial, o que indica falta de pesquisa sobre o assunto"; narram o problema sem analisar suas causas e soluções. E há quem explique a razão: "esse não é o seu objetivo principal. Se insistirem e se aprofundarem no tema, poderão perder leitores"; "ilustram o tema citando autores atuais e exemplos do que vem sendo feito por empresas de grande porte para renovar e manter a produtividade de sua força de trabalho". Além disso, "a temática é muito restritiva, inserida nos cadernos de economia e recheada de estatísticas e números. Nos relatórios de empresas, da Fiesp, de sindicatos... o problema é tratado de maneira apropriada com números, estatísticas, índices comparativos em relação aos anos anteriores". Há uma opinião que afirma: "tenho lido matérias mais sérias e profundas em publicações acadêmicas. As publicações semanais não têm tempo para amadurecer e aprofundar o tema. Ficam na superfície".

Questão 4. *Que contribuição tem trazido esta mídia na abordagem do importante problema de recrutamento, seleção, contratação e administração de RH?*

Há correspondência entre as opiniões negativas e positivas dadas a esta questão. Cinco respondentes julgam que as revistas têm trazido pouca contribuição ao tema; não tratam do problema na sua essência e, por isso, não influenciam os hábitos e vícios de abordagens dos executivos. "Expõem o problema sem tratá-lo em sua essência, o que não modifica o *status quo* profissional do executivo. Oferecem mera informação e não formação". "Alardeiam experiências impostas por modismos incabíveis e deixam de lado detalhes importantes; por exemplo, falam de competências e deixam de lado o fator idade dos profissionais, como se somente os com menos de 30 anos tivessem as tais competências". "A maioria dos artigos sobre *headhunters* não tem sido favorável a eles, que aparecem como elitistas, ditadores, arrogantes e até despreparados".

As respostas positivas afirmam que essa mídia tem trazido informações que democratizam os conhecimentos da área e alertam sobre as mudanças, chamam a atenção sobre a importância do capital humano para o sucesso das empresas, para a temática da abordagem da seleção, do recrutamento e da qualificação dos profissionais. "Têm contribuído de maneira positiva para a abordagem das temáticas relativas a RH, recrutamento, seleção, computação, qualificação e administração de mão de obra. As pautas dessas revistas mostram que as empresas que adotam melhor tecnologia qualificam de maneira melhor os seus recursos humanos". Admitem que influenciam sobre o perfil desejado pelos recrutadores, exigido pela globalização e tecnologia, e influenciam também os recrutadores sobre a idade máxima de contratação. Contribuem também para a reflexão sobre o tema: "falam sobre a mudança do perfil do profissional que antes era valorizado pela fidelidade e hoje, ao contrário, é por ser multifuncional". "Existe sempre uma contribuição positiva". "Têm influenciado o perfil desejado pelos recrutadores. Exigências: diploma universitário, conhecimentos de informática, fluência em inglês e espanhol... Em muitos casos, há exagero. Pede-se muito para cargos que não exigem tal qualificação. A mídia tem dado muita importância, também, à idade máxima que as empresas querem contratar, influenciando os recrutadores". Outra opinião diz: "A mídia quer fazer crer a todos os candidatos que eles são incompetentes se não falarem mais de três idiomas, não tiverem mestrado, doutorado, MBA e outros, para que só os gênios tenham espaço no mercado de trabalho". Há revistas que colaboram para a reflexão, porém, muitas vezes, querem respostas prontas e as publicam. Essas respostas não existem. Tais "receitas" acabam virando um desserviço, pois são fruto de equívocos generalizadores, perdendo a essência da notícia.

Questão 5. *Como as revistas têm focalizado a tecnologia e suas consequências nas formas de emprego e na diminuição ou eliminação de vagas de trabalho?*

Nesta questão, a maioria dos respondentes julga que as revistas tratam a tecnologia de modo parcial, fora da realidade, de forma generalizada, a ponto de a considerarem "bicho papão", fazendo antianálise do problema, oferecendo-lhe tratamento catastrófico. "Indicam por meio de números e dados as eliminações de vagas de trabalho e apenas raramente indicam os novos nichos/oportunidades que estão sendo continuamente criados em função desta evolução tecnológica e/ou do que o executivo pode fazer para se adaptar ao novo momento". Diante "de realidades muito diferentes – multinacionais, empresas pequenas em diferentes graus de desenvolvimento e tecnologia –, o foco acaba sendo parcial e algo enviesado". "Será a tecnologia a responsável pela diminuição do emprego? Ou é a competitividade global que estimula as empresas, para sua sobrevivência, a utilizar a ferramenta tecnológica?" "Vejo algumas empresas falar sobre o fim do emprego por causa das novas tecnologias e, ao mesmo tempo, também falar sobre novos empregos gerados pela mesma tecnologia. Os dados divulgados, geralmente, são parciais e pouco conclusivos, às vezes são alarmistas". "Não tratam de temas atuais como, por exemplo, a implantação de 'Centros de Serviço Compartilhados'." "A análise é geralmente feita por uma antianálise. O problema envolve, necessariamente, múltiplas visões, diferentes pontos de vista, interpretações variadas e leitura de ambiente mais profunda".

A minoria que pensa de forma positiva em relação à pergunta julga que houve aumento de matérias sobre mudanças e formas alternativas de trabalho (teletrabalho) e também insistência na necessidade de reciclagem profissional, manifestada na aquisição de conhecimentos, de bagagens informativas, portanto, tecnológicas. As revistas "contestam o fato, mas não estão propondo soluções, mesmo porque hoje acho que seria difícil indicar um caminho seguro... muitos profissionais de RH de grandes empresas não sabem como agir".

Questão 6. *Retomando a questão anterior, que aspectos podem ser considerados positivos e que aspectos são negativos na relação emprego/tecnologia?*

As respostas são claras tanto sobre aspectos positivos quanto negativos. Nota-se algum pessimismo nas posições negativas, o que não prejudica a maioria positiva.

Aspectos positivos – a tecnologia "é ferramenta essencial, não se pode esquecer de que o foco são as pessoas"; permite ao trabalhador grande mobilidade, melhorando a qualidade de suas funções, o que se reflete na maior produtividade e qualidade final dos produtos e serviços; ganho de desempenho apoiado pela tecnologia; torna o trabalho menos penoso, diminui riscos de acidentes, pode melhorar o lazer e a qualidade de vida; traz novas profissões; leva à reciclagem profissional que melhora a relação emprego/tecnologia; exige atualização e que a pessoa esteja permanentemente "antenada"; mobiliza o indivíduo para a mudança; facilita a vida da humanidade, aumenta a velocidade da informação, cria novos mercados (*e-business, e-learning, B2B, e-commerce*...), abertura de mercado para *Webs*, indústria de microinformática.

Aspectos negativos – a ecnologia vira o foco principal e não as pessoas; colocação do trabalhador 24 horas a serviço da empresa e a exigência de carga superior de conhecimento, que pode levar à exclusão digital; velocidade da mutação tecnológica superior à capacidade de o executivo reeducar-se, o que gera medo e insegurança; muitas funções são extintas em nome da tecnologia; desequilíbrio entre a vida pessoal e profissional; uso da tecnologia como álibi para *downsizing*; aceitação passiva de sobrecarga de trabalho para não perder o emprego; desaparecimento das empresas que não dominarem a tecnologia; necessidade de pique para reciclar-se constantemente; perda da autoestima; criação de uma população excluída que não pode ter a máquina; despreparo da mão de obra do país, o que acarretará diminuição de postos de trabalho; dependência da máquina em detrimento do processo; nossa tecnologia é praticamente toda importada. Em síntese, pode-se utilizar a resposta de um entrevistado: "Os aspectos positivos são os ligados ao ganho de desempenho apoiado pela tecnologia e os negativos estão obviamente ligados à própria velocidade de mutação tecnológica, que, em geral, é superior à capacidade de o executivo reeducar-se ou adaptar-se, o que gera insegurança, medo e desemprego, por despreparo diante das mudanças".

Questão 7. *As revistas especializadas em RH têm introduzido novas formas de abordar o emprego, os conflitos capital × trabalho, os velhos e novos paradigmas do mercado de trabalho? Como se pode identificar e explicar o tratamento dado pelas revistas a essa matéria?*

Equilibram-se as respostas à questão, com predominância dos aspectos negativos.

Aspectos positivos – as revistas têm servido de alerta e trazido contribuições relevantes para manter pessoas informadas; reproduzem artigos de "gurus" brasileiros e estrangeiros com a profundidade necessária; mostram que os velhos paradigmas do mercado de trabalho estão todos ultrapassados e insistem nos novos – parceria, trabalho em conjunto, otimização da produtividade, melhorias do clima interno, melhores políticas salariais etc. "A impressão que se tem é que não há pesquisadores sérios trabalhando esses assuntos, ou se há, não há divulgação do trabalho. A imprensa gosta de divulgar os "gurus" famosos, mas gasta pouco tempo veiculando ideias como as do italiano Domenico de Masi sobre o *Ócio criativo*, que é nova forma de enxergar o paradigma capital/trabalho".

Aspectos negativos – enfoque parcial, dirigido mais ao mercado de grandes corporações; pouca coisa positiva, sem muita profundidade e/ou inovação; "não li nada de novo sobre o assunto"; "as especializadas no máximo apontam problemas existentes, mas não trazem soluções novas"; "há divulgação de nomes famosos, mas não de ideias"; "estão condicionadas à década passada"; "as revistas têm 'salto alto'"; "essas revistas têm sido utilizadas como vitrine para profissionais, que são muito mais de marketing do que de RH. Faltam trabalhos científicos, analíticos, informações verídicas de casos, análise de problemas, propostas concretas para a ação". No meio de um mundo em transformação, "é muito difícil saber onde iremos chegar e as revistas especializadas pincelam os assuntos, faltando a criação de uma massa crítica, que possa introduzir novas formas de reflexões para ações mais rápidas". "Procuram analisar os velhos temas com nova roupagem, só que nem sempre o problema é de atualização e sim de mudança total." As revistas "limitam-se muito mais a citar fatos vindos do exterior do que a demonstrar o sucesso de empresas nacionais e, sobretudo, pesquisas que poderiam comprovar as hipóteses que aconselham mudanças em determinado sentido". "Na minha empresa, a influência é praticamente nula, pois tudo continua como há 20 anos – quem datilografava, agora digita; quem arquivava fichas, agora tem pastas no computador, quem usava retroprojetor, agora usa *PowerPoint*."

Questão 8. *No seu trabalho pessoal, qual tem sido a influência da "mídia-revista" na gestão de RH?*

Predominam as respostas negativas que afirmam ser pequena a influência da mídia-revista na gestão de RH. Por exemplo: "a influência é pequena. O trabalho das multinacionais respeita diretrizes e programas corporativos normalmente já elaborados por consultorias de renome e dentro das modernas tendências". "Nada de muito novo tem mudado os conceitos que uso no dia a dia"; "a influência na gestão de RH em geral não é significativa; absolutamente nenhuma"; "encontram velhas soluções com nova roupagem"; "o que vejo é que as pessoas se sentem desvalorizadas, julgando-se idiotas diante da insistência das superqualificações. No dia a dia do trabalho, as qualificações nem são utilizadas; servem, porém, perfeitamente, aos propósitos da exclusão".

Como afirmações positivas, obtivemos: servem de referência, divulgam experiências que não seriam conhecidas de outra forma; servem de confirmação para posições que já temos há muito tempo; o "conjunto da obra" nos faz ver conceitos sem que percebamos, de forma natural, quase biológica; estimulam as ideias e os questionamentos; informam sobre o que está acontecendo. "A influência existe, é lógico, porém ainda é pequena, pois necessitamos de abordagens mais densas, mais bem preparadas, pensadas". "Existe a preocupação em bem selecionar, em fazer testes adequados à função e em identificar o perfil da formação do candidato ao perfil da função e à empresa".

Questão 9. *Acredita que a influência da mídia-revista é algo que vai interferir positivamente na nova gestão de RH, ou representa mais modismos que não irão vingar?*

Quatro respondentes admitem que a mídia influencia de forma positiva, contribui para esclarecer questões; é necessária para manter a continuidade de informações; chama a atenção para a importância do capital intelectual e da retenção de talentos; mesmo falando de modismos, pode trazer resultados positivos. Há "uma interferência positiva, ressalvando-se os exageros e uma boa parte de modismos". "A necessidade de informação continuará a ser tão intensa quanto é hoje... portanto, as revistas têm um papel assegurado no futuro desde que cada vez mais atendam às necessidades de seus leitores". "Têm chamado a atenção para a importância do capital intelectual e de retenção de talentos... isso é uma contribuição positiva, mas divulgam muitos modismos, o que pode confundir o profissional de RH se ele não for muito criterioso. A mídia não separa o que é modismo, ou simplesmente uma opinião de um "guru" qualquer, do que é pesquisa". "A influência da mídia é pequena por falta de aprofundamento, mas é interessante sob o ponto de vista da informação, no sentido de chamar a atenção das empresas para a necessidade de mudança na área de RH". "Mesmo os modismos mais terríveis para o RH, como a reengenharia, deixam aspectos positivos."

Os demais respondentes (cinco) afirmam que a maior insistência da mídia está nos modismos e que a área de RH gosta de procurá-los: "foi sempre useira e vezeira na busca de modismo e esse fenômeno parece que se acelerou". "Alguns modismos passarão, outros temas, entretanto, tratados pelas revistas, ficarão. O problema é saber o que é bom ou não".

Questão 10. *Na sua opinião, a mídia-revista influencia de maneira profunda ou não na moderna administração de RH?*

Em sua maioria, os entrevistados consideram que as revistas não influenciam de maneira profunda a gestão de RH, nem muito intensa; são apenas informativas; vão apenas na onda; "a influência tem sido superficial"; "ainda não atingiu o estado de influenciar profundamente a administração de RH"; "a mídia-revista é apenas informativa; deve ser lida, mas não seguida como sendo certa"; "não influenciam de maneira profunda a área de RH, limitam-se a dar informações que não servem de parâmetro para mudanças por falta de fundamentação dos temas, mas estimulam o setor a estar atento e a buscar soluções para a renovação da área de RH".

Podem exercer influência sobre profissionais em início de carreira, estudantes (por exemplo, as matérias da revista *Você S.A.*); o excesso de reportagens sobre o assunto faz as pessoas pensarem, mas não provoca mudanças profundas. "As revistas atingem número muito grande de pessoas, consequentemente, exercem grande influência... Essa influência se dá em maior nível entre profissionais em início de carreira e estudantes. Não podemos negar, por exemplo, que as matérias (de uma revista como *Você*) sejam muito úteis para uma faixa específica de profissionais, mas, de forma alguma, influenciam os administradores experientes de RH". Duas opiniões afirmam que "apenas a mídia não, mas somada a palestras, cursos e discussões, sem dúvida, há uma influência, porém, mais como referência de consulta que geradora de mudanças efetivas". "Acredito que, na administração moderna de RH, os cursos, os eventos, as palestras e os seminários têm mais efeito do que a mídia-revista."

Questão 11. *O que dizer do excesso de importância dada pelas revistas ao que se convencionou chamar de inteligência emocional?*

A quase totalidade de respostas aponta que houve exagero na divulgação do conceito de inteligência emocional, que não é tão novo assim, apenas surgiu com nova roupagem, mais técnica, dada por Goleman. O tratamento dado ao assunto pela imprensa foi superficial; as revistas são dadas aos modismos, é preciso saber discernir; tornou-se modismo, algo para vender muito. "Como todo conceito novo que deu nome a coisas antigas, a tendência inicial é o exagero, para depois vir para um patamar mais real". "O excesso de importância dada ao tema se deve, claramente, a interesses comerciais". "As revistas são muito levadas ao modismo. É preciso adotar o bom senso, verificar os conceitos adaptáveis à empresa."

Positivamente, há afirmações que reconhecem a necessidade da divulgação, de chamar a atenção para o fato de o ser humano ter emoções, de que haja equilíbrio entre o emocional e o racional. "Não acredito que seja excesso... Não há exageros, pois o mais importante é o equilíbrio entre o emocional (QE) e o Racional (QI)... Atualmente, as atitudes contam muito mais do que os outros dois fatores". "Acho um tema que precisa ser bem debatido; afinal, é essa tendência chamada de inteligência emocional que deve prevalecer ou não?" "Trata-se apenas de chamar a atenção para se dar melhor tratamento às pessoas que devem saber conviver com seus sentimentos e controlá-los por meio de sua inteligência e do aperfeiçoamento das relações humanas nas empresas."

Questão 12. *Acredita que há autores que, de fato, estão inovando na área de RH, ou apenas repetem velhas formas sob novas roupagens?*

"As fórmulas são repetidas, mas estão levando vagarosamente a novas posturas, e a grande inovação é a de, vagarosamente, estar alertando para colocar o ser humano na frente dos processos". "Existem autores sérios e renomados, tanto no Brasil como no exterior, que com frequência trazem novidades e novos modelos; mas, infelizmente, a grande maioria do que vemos em artigos e palestras é a utilização de velhos temas com pequenas modificações de enfoque ou com um tratamento de marketing". "Sim, há autores brasileiros inclusive que inovam e trazem ideias extremamente interessantes. Só que não são lidos! Os estrangeiros sempre trazem ideias geniais, só que elas têm que ser adaptadas para a realidade local, o que quase nunca acontece". "Existem autores buscando efetiva contribuição e renovação das técnicas de RH".

Os aspectos negativos são assim expostos: infelizmente, a grande maioria do que vemos é a utilização de velhos temas com pequenas modificações e tratamento de marketing; mas pouca coisa nós temos observado na área de RH que possamos chamar efetivamente de novo; o cenário está mais para repetição de velhos conceitos, há poucas propostas inovadoras; se há autores de RH inovando eles não estão divulgando; a maior parte repete velhas fórmulas; há autores muito vivos que se aproveitam dos modismos para faturar em livros e palestras; na maioria das vezes repetem velhas fórmulas; o que há em RH é a preocupação com o marketing, a visibilidade. "Mas nem tudo está perdido, existem autores buscando o novo, o ousado, investindo mais, de verdade, no potencial humano e não nos Recursos Humanos, pois recurso se acaba; potencial, não, sempre se aprimora, se aprende."

Comentários sobre os resultados da pesquisa qualitativa

Interessante notar que, ao contrário das respostas afirmativas da pesquisa quantitativa, os resultados da pesquisa qualitativa, feita com profissionais efetivos do setor de Recursos Humanos, são em geral de caráter pessimista. Embora muitos dos respondentes admitam que a mídia-revista tenha colaborado com o setor para dinamizá-lo e alertar sobre a necessidade de mudanças por meio dos temas que publicam e das abordagens especiais que fazem sobre o que está ocorrendo nas organizações atualizadas do mundo globalizado, predomina na análise geral a visão negativa sobre tudo o que é publicado, negando-se, em quase todas as questões, que a mídia possa influenciar a área de Recursos Humanos. Esse pessimismo pode ser visto na síntese das opiniões desta pesquisa.

1. No campo da abordagem do emprego diante da tecnologia, as revistas tratam o tema de forma superficial, ideal, generalizando opiniões, apresentando um enfoque sensacionalista e até contraditório. Raros são os textos práticos de apoio a uma transição efetiva. A razão disso é que o objetivo dessa mídia é informar sobre os avanços e sobre o que pode influenciar o setor. Há predominância do enfoque tecnicista em detrimento da diminuição da distância existente entre as pessoas e a tecnologia.

    a) A grande maioria dos respondentes julga que as revistas tratam a tecnologia de modo parcial, fora da realidade, de forma generalizada, fazendo uma antianálise do problema. Mas há exceções: revistas que tratam o tema com seriedade e trazem teses e artigos sobre o perfil do novo executivo de RH diante da inovação e da globalização. Portanto, têm trazido contribuições importantes e provocado a reflexão sobre o novo perfil a ser dado ao setor de RH, falando sobre a necessidade de retenção de talentos, reciclagem profissional e aquisição de conhecimentos.

b) Na relação entre emprego e tecnologia observa-se que há aspectos positivos como: a tecnologia é peça essencial; permite melhorar as condições de trabalho; oferece maior produtividade, qualidade final dos produtos e ganho de desempenho; torna o trabalho menos penoso; diminui os riscos de acidentes; leva à atualização e à reciclagem profissional; mobiliza o indivíduo para as mudanças; cria novos mercados.

c) Os aspectos negativos na relação com a tecnologia são: dar foco na tecnologia e não nas pessoas; trabalhador ficar 24 horas à disposição da empresa; exigência de carga superior de conhecimento; velocidade de mudança superior à que o executivo pode suportar; sobrecarga de trabalho; diminuição de empregos; perda da autoestima etc.

2. Para a maioria dos entrevistados, o tratamento dado ao emprego é superficial; há falta de pesquisas; não analisam causas e não oferecem soluções. Sendo seu objetivo informar, não aprofundam o assunto para não perderem leitores; não têm tempo para amadurecer o assunto.

3. Nas áreas de recrutamento e seleção, as revistas trazem pouca contribuição, pois esse tema não é tratado na sua essência. Influenciam pouco na mudança dos hábitos e vícios dos executivos. Abordam experiências impostas por modismos e deixam de lado detalhes importantes – por exemplo, não falam de competências, mas denigrem a imagem dos *headhunters*. Quem admite a influência das revistas afirma que têm trazido informações que democratizam o conhecimento do setor e alertam sobre a necessidade da mudança do perfil profissional para o setor de RH. Chamam a atenção sobre a importância do capital humano para o sucesso das empresas, sobre a temática da abordagem da seleção, do recrutamento e da qualificação dos profissionais. Por isso influenciam na análise do perfil desejado pelos recrutadores e exigido pela globalização e tecnologia quanto ao diploma universitário, conhecimento de informática, fluência em inglês e espanhol. Em muitos casos, há exageros na solicitação de competências, exigindo de todos uma superformação.

4. Parte das respostas dadas à pesquisa sobre a abordagem dos conflitos capital/trabalho admite que as revistas alertam e informam; reproduzem orientações de "gurus" brasileiros e estrangeiros; mos-

tram que os velhos paradigmas do mercado de trabalho estão ultrapassados. Quem não aceita a influência dessa mídia diz que o enfoque dos problemas é parcial; não traz nada de novo, apenas divulga nomes famosos, mas não ideias. Não apresentam pesquisas; tratam velhos temas com roupagem nova; a influência é praticamente nula. Há profissionais que se aproveitam das revistas para fazer a própria promoção.

5. As respostas sobre a influência no trabalho pessoal concentram-se em dizer que é pequena a influência da mídia na área de RH; as grandes corporações seguem suas próprias regras. Essa mídia encontra velhas soluções com nova roupagem. Mas há quem admita que as revistas servem de referência, mostram o que acontece no setor; confirmam posições já existentes; estimulam ideias e questionamentos.

6. Alguns respondentes afirmam que a mídia-revista pode interferir na gestão de RH; contribui de forma positiva para esclarecer questões, chamam a atenção para a importância do capital intelectual e da retenção de talentos; têm um papel assegurado em manter seus leitores informados. Pelo grande número de leitores podem influenciar, principalmente para profissionais em início de carreira; não influenciam, porém, profissionais experientes. Associadas a cursos e seminários, podem influenciar de maneira mais eficaz. Alguns pensam que a influência é pequena na gestão de RH por falta de aprofundamento; não separam o que é modismo daquilo que é apenas a opinião de um "guru"; as revistas atendem a quem gosta de modismos, e a área de RH aprecia isso.

7. A maioria das respostas dá conta de que houve exagero na divulgação do conceito de inteligência emocional. Recebeu apenas tratamento superficial e nem é novo – é falar de coisas velhas com nova roupagem; como acima, muitos aproveitam a onda para faturar com seus livros. Quem aceita o conceito de maneira positiva afirma que há necessidade de se considerar o ser humano e suas emoções, que haja equilíbrio entre o emocional e o racional, pois as atitudes contam, hoje, muito mais do que outros fatores. O tema deve ser debatido e aprofundado.

8. A maioria dos autores repete as fórmulas, mas alertam e levam, aos poucos, a novas posturas na área de RH. Existem autores sérios e renomados, que trazem novos modelos, mas, infelizmente, o que mais

se vê é a utilização de velhos conceitos com um tratamento de marketing. Há autores que inovam e buscam proporcionar efetiva contribuição e renovação à área de RH, mas não são lidos.

3. Pesquisa qualitativa – editores e articulistas

A primeira preocupação dessa pesquisa foi levantar uma lista qualificada de editores e articulistas da mídia-revista, objeto da pesquisa, e de autores de obras sobre recursos humanos, que também se projetam como articulistas da mídia-revista pelo estudo das tendências e das transformações que vêm ocorrendo no setor de Recursos Humanos. A partir de uma lista com mais de 100 nomes, foram entrevistados 56 profissionais, cujas opiniões compõem os resultados aqui apresentados.

A condução da pesquisa foi feita, portanto, com um público altamente qualificado, composto por profissionais especializados em Recursos Humanos, todos com formação superior, tendo a grande maioria cursos de mestrado e de doutorado em várias áreas do conhecimento, e tendo prestado serviços às maiores organizações nacionais – e, também, às multinacionais atuantes no país – ou na área de consultoria em todos os setores do gerenciamento de Recursos Humanos. Esse público se caracteriza ainda pela ampla experiência e circulação no mercado internacional. Sua formação se situa em diferentes áreas do conhecimento: são jornalistas, psicólogos, sociólogos, administradores, comunicadores, advogados, engenheiros, pedagogos, com dedicação também a outras atividades. Deve-se ressaltar, para os objetivos da pesquisa, que esse público representa, em sua maioria, autores de obras qualificadas nos setores de gestão e de RH, da psicologia, encontrando-se entre eles editores, editores assistentes, articulistas e colunistas dedicados à publicação de temas sobre recursos humanos em diversos veículos de comunicação.

As entrevistas tiveram por base o questionário aqui apresentado:

Questionário aplicado

1. Em geral, as principais revistas de informação mantêm uma editoria e articulistas de Recursos Humanos. Na sua opinião, por que motivo é mantido este setor?

    a) Unicamente para informar sobre o desenvolvimento dessa área.

    b) Para influenciar as transformações dos setores de Recursos Humanos nas empresas.

2. As editorias de Recursos Humanos com seus articulistas acreditam que influenciam os setores de Recursos Humanos?
   a) Se verdadeiro, como acontece?
   b) Se negativo, por que não afetam o setor?
3. Como as editorias e seus articulistas julgam os setores de Recursos Humanos das empresas na atualidade?
   a) Apegados aos paradigmas tradicionais.
   b) Preocupados com a sua atualização e modernização para atender às exigências atuais do mercado de trabalho.
   c) Susceptíveis de serem influenciados pela mídia especializada e de informação geral.
4. Há alguma tendência que gostaria de comentar?
   a) Sim.
   b) Não.

Resultados da pesquisa

Os resultados aqui citados seguem a ordem dos itens do questionário, apresentando-se no final as conclusões mais representativas.

1. Em geral, as principais revistas de informação mantêm uma editoria e articulistas de Recursos Humanos. Na sua opinião, por que motivo é mantido este setor?

   a. *Unicamente para informar sobre o desenvolvimento dessa área.*

   Ao todo, obtivemos 25 respostas concordando com esta questão, das quais nove manifestam os motivos. Prevalece a ideia de que editores e articulistas querem informar sobre as inovações e o que acontece no mercado de trabalho, para atender a quem procura informações sobre o desenvolvimento de carreiras, sem preocupação de influenciar. Para os respondentes, não há manifestação clara de influenciar. Admitem que a influência pode acontecer dependendo da cabeça e do nível de conhecimentos dos profissionais em usar ou não as informações. Há até quem diga que o objetivo da informação é criar "oportunidades de negócios e/ou fonte de faturamento" e não dar qualquer tipo de informação que possa influenciar, mesmo porque a mídia não "tem força para isso". Afirmam alguns que, em geral, a mídia evita expor suas opiniões, com exceção dos âncoras da TV, mas pode acabar influenciando pelas ideias divulgadas. Os profissionais de RH acabam "copiando" aquilo que julgam oportuno, por exemplo, as "políticas interessantes, que indicam tendências". Dessa forma, a influência seria indireta, mesmo porque não há interesse em influenciar uma área como a de Recursos Humanos, resistente às mudanças.

b. *Para influenciar as transformações dos setores de Recursos Humanos nas empresas.*

Na opinião de 41 respondentes, o grande objetivo da mídia-revista é influenciar o setor de Recursos Humanos. Embora não tivessem sido solicitadas explicações, colhemos de cinco respostas as razões da preocupação da mídia com o mercado e o profissional, o que pode influenciar ou não o setor de Recursos Humanos.

Um dos respondentes resume bem o papel da mídia-revista ao dizer: "Os temas relacionados a Recursos Humanos e Carreiras ganharam espaço editorial nos últimos anos em função das mudanças verificadas no mercado de trabalho e da importância adquirida para as pessoas. Investir em si mesmo, empreender, cuidar da empregabilidade, que inclui o permanente aprimoramento profissional, é tendência permanente, sem volta no mundo do trabalho, e, como tal, logo foi absorvida pelo mercado editorial, sempre atento às mudanças de comportamento dos leitores, seu público consumidor. Sendo assim, acredito que os motivos dessa atenção estão muito mais ligados ao interesse do público do que à tentativa de influenciar o setor".

Dizem outros que essa mídia cumpre as funções de informar e influenciar: "informa o desenvolvimento alcançado na área, ao mesmo tempo influencia e promove transformações nos setores de RH das empresas". Em outras palavras: as ideias despertam reflexões, que "se forem consideradas úteis, acabarão levando à busca por mudanças". Constata-se, dessa maneira, que não há uma influência direta da mídia pesquisada, mas "mantém um rol permanente de informações de interesse" sobre o setor.

Há, porém, quem afirme que o objetivo é influenciar, porque a área de Recursos Humanos é valorizada pelos bons dirigentes empresariais e interessa a todos os profissionais. Portanto, vale a pena uma revista investir nesse mercado, também para que o profissional possa acompanhar a velocidade das mudanças. E essa é a opinião da maioria das respostas (40 manifestações).

2. As editorias de Recursos Humanos com seus articulistas acreditam que influenciam os setores de Recursos Humanos?

   a. *Se verdadeiro, como acontece?*

   Nesta questão, a maior parte dos entrevistados (42 respostas) afirma que as editorias e articulistas pretendem influenciar o setor de Recursos Humanos por meio da informação constante e atualizada, que dá conta das tendências nacionais e internacionais do setor, demonstra muitos exemplos de novas atitudes e de mudanças, o que acaba levando à reflexão sobre o que é melhor e o que deve ser adotado em Recursos Humanos para que as empresas não fiquem defasadas no tratamento desse importante setor, cada vez mais valorizado.

   As principais razões aduzidas a favor da influência da mídia-revista em RH são, a seguir, apresentadas em seus aspectos principais:

Abordagem da informação

- Para os entrevistados, a informação é sinônimo de reflexão e de análise para a tomada de decisões e de avaliação de tendências; como fonte de reflexão, tanto pode haver influência em modismos como *downsizing* e a reengenharia, como em movimentos que ganharam força graças ao empenho da mídia em informar, como a qualidade total que trouxe novos padrões de desempenho e afetou a maioria das relações do ambiente industrial. É preciso verificar a "credibilidade" da informação e da tendência de mercado.

- Hoje tudo é informação, por isso as revistas influenciam, embora com intensidade diferente, nos setores de RH, na medida em que as novas concepções e teorias são aceitas e adotadas.

- As matérias lidas pelos profissionais de RH ajudam a formar tendências; se isso é planejado estrategicamente pelas editorias, a influência deve, de fato, acontecer. As revistas influenciam devido à atualização constante que fazem do mundo do trabalho, à objetividade na comunicação escrita e visual. Essa atualização consiste na veiculação de matérias com grandes "gurus" do cenário mundial de RH.

- Os leitores aceitam de boa-fé as informações que os articulistas transmitem. A mídia influencia principalmente o profissional do interior do país, que é ávido por informação.

Veículos

- São praticamente as únicas fontes permanentes e, em princípio, tecnicamente fundamentadas e atualizadas.

- Influenciar é a motivação dos veículos. A escolha dos articulistas se deve à necessidade de emprestar "credibilidade" à mensagem. Com o aumento da credibilidade, os veículos imaginam que possam estar influenciando as mudanças e o desenvolvimento nas ações dos setores de RH.

- Esse é o propósito das revistas: fornecer informações atualíssimas sobre tudo que acontece no mundo e relatando *cases* oportunos.

- Os veículos antecipam tendências, subsidiam o setor com informações importantes, mas o ponto fundamental é que tenham sempre a preocupação de fornecer uma informação isenta, com apresentação de pontos de vista sobre a realidade organizacional, as contradições entre a teoria e a prática e, também, com apresentação das boas e das más práticas organizacionais.

- A partir dos *cases* apresentados, nos artigos sobre o comportamento das pessoas, pode-se concluir que levem a novas ações porque apresentam assuntos que representam problemas dentro das empresas; nos artigos técnicos, por trazerem uma atualização nos conceitos de gestão de pessoas.

- São portadores de novidades, de estudos, de resumos, de compilações, de levar adiante o resultado de um trabalho bem sucedido. As áreas de RH crescem pela permuta de informações, técnicas, metodologias e iniciativas isoladas, que, quando compartilhadas, avançam e passam a ser adotadas em outras empresas. As revistas criam esse relacionamento, e iniciam a troca de informações e ampliam as conquistas para outras empresas e segmentos, além das associações, que trocam entre si informações sobre RH.

- Influenciam, pois revelam as práticas bem-sucedidas, que se tornam referência, podendo gerar ideias sobre o que fazer nas realidades organizacionais em que cada qual vive.

Editores

- O objetivo de manter seções que tratem das áreas de RH ajuda a influenciar e a informar o desenvolvimento dessa área. Um articulista ou uma reportagem pode apresentar uma tendência ou apontar erros e acertos em RH. As editorias apresentam o desenvolvimento da área e fornecem subsídios para o gestor de pessoas melhorar sua atuação na empresa.

- Os editores acreditam que influenciam os setores de RH, pois conhecem projetos, pesquisas, estudos e ouvem depoimentos de profissionais que basearam seus trabalhos ou fizeram a contratação de profissionais de consultoria influenciados pelas matérias publicadas na revista.

- As editorias e os articulistas não só acreditam, mas de fato influenciam e sempre operam no sentido de gerar "novos negócios"; é quase um mecanismo de garantia de mercado.

- Todo veículo de comunicação vive de novidades; nesse sentido, é preciso oferecer sempre novas propostas para potenciais clientes.

- As editorias afetam o pensamento dos profissionais de RH. Qualquer artigo é analisado em termos de modernidade da proposta, validade ou não das ideias oferecidas, influência de quem está comunicando. Assim, passam a valorizar algumas ideias, que, pela pressão de sua divulgação por outros veículos, acabam se consolidando.

- As editorias têm papel importante na disseminação de opiniões de "gurus", ao dedicar a eles várias matérias. Trazem a visão do mercado, do que ele necessita, quais as correntes vigentes; são fontes de informação nas quais o profissional de RH busca atualização, ouvindo os "papas" nos setores especializados, analisando informações do mercado, debatendo as tendências e influenciando as pautas das revistas junto às editorias.

Articulistas

- A influência se deve unicamente ao prestígio que os articulistas têm sobre o público-alvo; estão sempre plugados nos anseios desses profissionais; mais ainda, por não terem nenhum vínculo direto com as empresas, seu único compromisso é somente descrever os fatos.

- Na teoria, os articulistas fazem muito sucesso, mas, na prática, a realidade é outra. Muitos *cases* não sairiam do papel se não contassem, por exemplo, com o forte apoio de um veículo de massa, como no caso da pesquisa das "100 Melhores Empresas para se Trabalhar".

- O articulista apresenta o que podemos chamar de novidades no setor de RH. Se for proativo e perceber que a ideia é boa, poderá implantá-la; se for um modismo, verá que logo passará. Às vezes, os articulistas fazem estardalhaço sobre o que só tem sentido em determinada empresa. Isso não afeta empresas bem preparadas, mas pode vir a afetar outras.

- Têm grande responsabilidade em influenciar os setores de RH, pois são formadores de opinião.

- Os artigos influenciam porque dão mais credibilidade ao tema do que à propaganda.

- A mídia influencia se os articulistas forem conhecidos, tiverem credibilidade e referencial no mercado.

Fatos

- As matérias dissertam sobre fatos descritos à luz de seu significado; ao leitor é dada a chance de opinar, concordar, discordar, e a revista leva os leitores a terem uma visão mais abrangente de um assunto, relacionando-o com outros.

- Antigamente, o nome era Departamento de Pessoal, gerenciado por pessoas despreparadas. Na década de 80, perderam todas as negociações com os sindicatos; os sindicalistas eram treinados fora do Brasil, os profissionais de RH, não. De 90 em diante, surgiu o novo profissional de RH, com formação superior, habilitado em negociações, administrando a empresa pelos seus recursos humanos. Data dessa época o surgimento da necessidade de materiais informativos para uso exclusivo de RH; foi quando começaram a aparecer as revistas especializadas no assunto. Hoje, o setor cresceu e exige, além da formação superior, o MBA, fluência no inglês e no espanhol e uma carreira voltada para resultados, "porque nós, Recursos Humanos, administramos os negócios através do RH".

O profissional de RH tem necessidade de informação

- O novo profissional de RH necessita permanentemente de informações que contemplem tendências, realidades sociais e profissionais que possam subsidiar o planejamento estratégico de uma política de RH, voltada para o desenvolvimento, a capacitação e o comprometimento com a atuação macro da empresa. Isso é meta da informação dos articulistas.

- O fato de se publicar artigos relacionados ao que acontece no mundo empresarial, dentro e fora do Brasil, faz com que os profissionais de RH fiquem informados sobre atualidades (e, às vezes, sobre alguns modismos) e sejam sensibilizados para buscar soluções diferenciadas para a sua organização; por exemplo, nos casos de excelência como no benchmarking.
- Para os executivos que não seguirem as novas tendências ou modismos, parece significar obsolescência ou "estar fora da realidade do mercado". Por isso, procuram se adaptar rapidamente às novas exigências e impor os novos perfis nos setores de RH.

Cuidados a tomar

- É preciso cuidado com o termo "influenciar"; deve ser tomado como um ato que modifica o pensamento original da pessoa; dessa forma, poderá contar com mais uma variável para ser incorporada a seu raciocínio. A incorporação da ideia à realidade da empresa irá depender de uma série de fatores e condições específicas.

Se negativo, por que não afetam o setor?

Ao todo são 14 registros negativos (contra 42 positivos), afirmando que a mídia-revista não influencia diretamente a área de RH, pois não interfere nas decisões; seu foco é informar e não influenciar, pois as editorias têm outros objetivos.

Seguem as explicações:

A mídia-revista não interfere nas decisões

- Não influenciam os principais gestores que tomam as decisões estratégicas nas empresas no Brasil, pois as áreas de RH ainda têm pouca expressão para esses tomadores de decisões.
- Infelizmente, a área de RH ainda funciona por meio de decisões de diretorias administrativas e financeiras, que pouco contribuem para alavancar mudanças empresariais e o desenvolvimento humano.

- Profissionais dos grandes centros não parecem ser muito influenciados pela mídia, pois dispõem de grande quantidade de material e de profissionais para falar sobre o assunto.
- Não acredito que profissionais de RH sejam influenciados pelos articulistas porque veem a área de RH como um departamento de uma grande organização e não como uma função estratégica.

O foco é informar e não influenciar

- O foco das revistas está voltado para a informação e o conhecimento do leitor sobre os fatos atuais, mas ainda não tem força para influenciar.
- O objetivo principal não é influenciar, mas informar sobre as novidades e o que vem de fora; querem também acompanhar o que acontece nas empresas brasileiras, na área de RH.
- Não há intenção deliberada de influenciar. Pode haver uma troca de experiências entre profissionais de RH, consultores e jornalistas, mesmo porque muitos articulistas são os próprios consultores que colaboram com a mídia.
- A maioria dos repórteres se considera como profissionais de informação, e é com a profissão de jornalista que se identificam, e também com os orientadores dos negócios.
- Limitam-se exclusivamente a informar, relatar fatos relevantes; quando tratam de tendências de RH, colocam-se na posição de formadores de opinião, influenciando os tomadores de decisão.

As editorias têm outros objetivos

- As editorias de RH e seus articulistas são representantes da proposta editorial/comercial do veículo. A mídia apenas reflete, antecipa tendências, mas não as implementa. Pode dar força a uma opinião, a um movimento, mas só lida com o que já existe. A explicação é simples: segue a lógica do lucro. A mídia tem de se vender, por isso aborda o que interessa ao leitor.
- Não afetam o setor de RH porque não criam nada; as notícias são reproduções de fontes importadas, o conteúdo que apresentam não tem força suficiente para causar impacto; gastam muito com perfumaria e não têm espaço algum para aplicabilidade.

- Não influenciam porque as matérias são retratos das experiências do dia a dia e apenas são contadas com um pouco de "tempero" por seus autores, mas se referem a experiências vividas em situações diferentes.

- As publicações, com raras exceções, tratam dos temas de RH de maneira superficial; igualmente a disciplina de RH é tratada como se não fizesse parte do *business* da empresa. Há distanciamento entre a atuação de RH, o processo decisório da empresa e a mídia, que, por falta de especialização, ainda não percebeu esse diferencial. Tratam os assuntos de maneira superficial, e o objetivo principal é vender seus produtos.

- As editorias e os articulistas de RH não sabem com clareza o quanto influenciam esse setor; acabam influenciando, mas não de forma intencional.

3. Como as editorias e seus articulistas julgam os setores de Recursos Humanos das empresas na atualidade?

   a. *Apegados aos paradigmas tradicionais.*

   Somam-se 13 respostas de apoio a esta primeira posição, mas observam que não se pode agir no mercado isoladamente. O gestor de RH ainda atua muito na forma tradicional, mas isso não impede que esteja aberto à incorporação de novos conceitos de gestão para colocá-los em prática.

   b. *Preocupados com a sua atualização e a modernização para atender às exigências atuais do mercado de trabalho.*

   A tendência, com 48 respostas favoráveis, é de que o setor de RH está preocupado com a atualização e a modernização.

   A premissa de trabalho é sempre essa. As editorias e os articulistas consideram os setores de RH preocupados com o tema, mas que poderiam atuar muito mais como influenciadores. Consideram também que estão empenhados na atualização e na modernização para o atendimento às exigências atuais do mercado e que acabam contribuindo para difundir novos conceitos e técnicas que já vêm sendo utilizados por outras empresas. Além disso, os profissionais se preocupam com as inovações e o futuro. A mídia-revista pode auxiliar neste campo.

As revistas sabem que os profissionais não só querem, mas também precisam se atualizar e que seus artigos, por isso, irão despertar interesse.

Os profissionais de RH estão preocupados com a atualização porque têm uma responsabilidade estratégica nas empresas; cuidam das pessoas que fazem resultados.

c. *Susceptíveis de serem influenciados pela mídia especializada e de informação geral.*

Obtivemos 11 respostas favoráveis a essa opção; contudo, algumas explicam como entendem a pergunta.

Caso utilizemos como referência *Exame, Você, Veja, Isto é, Época* e *Gazeta Mercantil*, os articulistas não estão preocupados com os setores de RH das empresas. Esse não é o seu público. Caso utilizemos como referência a imprensa especializada, voltada para os profissionais de RH, podemos encontrar as três posições: a de apego ao tradicional, a preocupação com a atualização e a susceptibilidade em aceitar as influências da mídia. Mas há quem afirme que editorias e articulistas "sequer têm opinião acerca dos setores de RH"; ou ainda: "não creio que adotam essa prática de julgar os setores de RH das empresas".

4. Há alguma tendência que gostaria de comentar?

Esta pergunta foi respondida por 36 entrevistados. A questão mereceu duas interpretações: aqueles que a entenderam como existindo novas tendências na área de Recursos Humanos e aqueles que a interpretaram como se tivessem de indicar tendências da mídia no tratamento do assunto. Dentro do objetivo da pesquisa consideramos apenas as respostas (50%) que tratam das tendências da mídia.

Tendências da mídia-revista

- A influência da mídia representa hoje um importante setor, marcado por desafios e inovações que podem trazer grandes benefícios para o próprio crescimento de seu mercado de atuação.

- Há tendência da mídia em aderir aos modismos na gestão de RH, sem uma cuidadosa verificação da sustentação técnico-científica do fato.

- Cada vez mais os veículos de comunicação conquistarão uma adesão maior dos profissionais de RH porque precisam estar informados sobre as constantes mudanças do setor.
- Às vezes, a mídia dá a impressão de que está na dependência das áreas de RH para receber sugestões e pautar seus assuntos sobre o setor.
- Existe a tendência em mostrar casos de sucesso e principalmente *cases* brasileiros, ou casos nos quais predominam a experiência e a simplicidade brasileira.
- Os meios de comunicação estão interessados particularmente em tratar de questões do emprego *versus* desemprego.
- É papel da mídia especializada, além de simplesmente informar: educar, instruir, motivar, influenciar.
- As editorias e articulistas de revistas de RH veem esses setores como susceptíveis de influências. "Existe a preocupação da criação de revistas-manuais nas quais são prescritos os bons comportamentos organizacionais; os bons profissionais; a boa e a má retórica. Essa mídia tem um viés fascista; arrebenta com a diversidade organizacional, aposta naquilo que é domesticado e não gosta daquilo que cheira a rebeldia, questionamento."
- Na mídia voltada para negócios e informações, os temas que chamam a atenção são: carreira; desenvolvimento profissional e remuneração. A relação da pessoa com a empresa e com o seu trabalho continua a ser a tônica desse tipo de empresa.
- A mídia-revista dá muitas dicas sobre a necessidade de mudança e de comportamentos adequados para o bem das empresas. Não acreditam que influenciam diretamente, mas que prestam grandes serviços quando analisam casos bem ou mal sucedidos.
- Nos últimos 10 anos, multiplicaram-se os veículos de informação especializados em RH, ao mesmo tempo em que os principais veículos de informação geral criaram espaços dedicados ao assunto, sobretudo à "carreira profissional".
- A mídia está preocupada em produzir informações para atualizar e modernizar os profissionais de RH, partindo do pressuposto de que são susceptíveis às mídias com poder não só de informação, mas também de manipulação.

- Seria oportuno que as matérias abordassem, também, as dificuldades e os fracassos encontrados na implantação de determinada mudança ou ação organizacional; isso ajudaria muito, pois evitaria que as pessoas lessem apenas os sucessos de grandes empresas.
- Todos querem provar que os setores de RH hoje precisam fazer parte da estratégia das empresas mais do que ser suporte de *staff*.

4. Comentários sobre os resultados da pesquisa

As conclusões da análise geral da pesquisa, foram reunidas em sete pontos, depois de ouvida a opinião das editorias e dos articulistas que se dedicaram aos temas de Recursos Humanos:

1. *As editorias e os articulistas têm como objetivo principal informar e não influenciar.*

    Em resposta à primeira pergunta, 25 entrevistados afirmaram que as editorias e os articulistas são mantidos com o objetivo maior de informar e não de influenciar. Querem informar sobre as inovações e o que acontece no mercado de trabalho para atender a quem procura informações a respeito do desenvolvimento de carreira, sem a preocupação de influenciar. O objeto da informação pode ser até de criar "oportunidades de negócios e/ou fonte de faturamento", mas não de influenciar. Poderá até existir uma influência indireta se os profissionais de RH acabarem "copiando" aquilo que julgarem oportuno, por exemplo, "políticas interessantes que indicam tendências".

2. *As editorias e articulistas querem influenciar as transformações dos setores de RH.*

    Ao contrário da posição da primeira pergunta, na segunda, 41 dos entrevistados afirmam que o grande objetivo da mídia-revista é influenciar o setor de Recursos Humanos. Essa mídia sempre cumpre as funções de informar e influenciar: "informa o desenvolvimento alcançado na área e, ao mesmo tempo, influencia e promove transformações nos setores de RH das empresas". Fica claro que o objetivo é influenciar, porque "a área de Recursos Humanos é uma área valorizada pelos bons dirigentes empresariais e interessa a todos os profissionais, portanto, vale a pena uma revista investir nesse mercado".

3. *Editorias e articulistas acreditam que influenciam os setores de Recursos Humanos.*

   Dos 56 entrevistados, 42 são de opinião que as editorias e os articulistas pretendem influenciar o setor de RH por meio da informação constante e atualizada, que dá conta das tendências nacionais e internacionais do setor e demonstra exemplo de novas atitudes e de mudanças, o que acaba levando à reflexão sobre o que é melhor e o que deve ser adotado em Recursos Humanos. Isso se comprova pela abordagem sistematicamente planejada da informação, pela motivação da existência dos veículos, pela manutenção de editorias especializadas que ajudam a influenciar e a informar o desenvolvimento da área de RH, publicando projetos, estudos e pesquisas. Nessa influência conta muito o prestígio que têm muitos articulistas e seus veículos. A conclusão é: as editorias e os articulistas não só acreditam, mas de fato influenciam o setor de RH.

4. *O profissional de RH tem necessidade de informação.*

   O que também influencia o setor de RH é o fato de o profissional dessa área necessitar permanentemente de informações que contemplem tendências, realidades sociais e profissionais que possam subsidiar a adoção de um planejamento estratégico de uma política de RH, voltado para o desenvolvimento, a capacitação e o comprometimento com a atuação macro da empresa. Quem não seguir as novas tendências e, às vezes, até os modismos pode dar a impressão de "estar fora da realidade do mercado".

5. *A mídia-revista não interfere nas decisões.*

   Esta é a opinião negativa dada por 14 entrevistados (contra 41 que admitem a influência da mídia). Esses profissionais entendem que a mídia-revista não influencia diretamente a área de RH, e não interfere na tomada de decisões estratégicas feitas pelos principais gestores das empresas, pois a área de RH ainda tem pouca expressão para esses tomadores de decisões. O setor ainda é dominado por meio de decisões de diretorias administrativas e financeiras. Além disso, profissionais de grandes centros não parecem ser muito influenciados, porque dispõem de grande número de informações e têm acesso fácil a muitos profissionais para tratarem de assuntos de RH. E a conclusão desse grupo é a de que o foco das editorias e da mídia-revista é informar e não influenciar: refletem, antecipam tendências, mas não as implantam.

6. *As editorias e os articulistas veem os setores de Recursos Humanos preocupados com a atualização e a modernização.*

    Diante da pergunta sobre que tipo de percepção as editorias e os articulistas têm do setor de Recursos Humanos, a opinião dos entrevistados (42 respondentes) é predominantemente a de que estão preocupados com a sua atualização e modernização. Apenas 13 dos entrevistados ainda consideram o setor atuando ainda de modo tradicional, porém aberto às mudanças. Os demais entrevistados consideram que:

    a. os profissionais de RH estão empenhados na atualização e modernização do atendimento às necessidades do mercado; preocupam-se com as inovações e o futuro; têm uma responsabilidade estratégica nas empresas e cuidam das pessoas que produzem resultados. Além disso, são susceptíveis em aceitar as influências da mídia (11 entrevistados).

    b. as editorias e os articulistas consideram os setores de RH preocupados com o tema e até poderiam atuar mais como influenciadores; sabem que os profissionais não só querem, mas também precisam se atualizar e que seus artigos, por isso mesmo, irão despertar maior interesse.

7. *A tendência do mercado é que a mídia-revista conquistará uma adesão maior dos profissionais de Recursos Humanos.*

    À pergunta sobre que tipo de tendência poder-se-ia cogitar em relação à mídia-revista, 50% dos entrevistados julgam que cada vez mais os veículos de comunicação conquistarão uma adesão maior dos profissionais de RH, porque precisam ser permanentemente informados sobre as constantes mudanças do setor. A mídia é hoje um importante setor marcado por desafios e inovações e pode atuar em seu benefício e em benefício do setor de RH, pois está interessada em tratar de seus temas: emprego *versus* desemprego, planos de carreira, desenvolvimento profissional e remuneração, relações das pessoas com a empresa, mudanças de comportamento e outros. A mídia está interessada em produzir informações para atualizar e modernizar os profissionais de RH. Tanto isso é verdade que, nos últimos 10 anos, multiplicaram-se os veículos de informação especializados em RH e, ao mesmo tempo, os principais veículos de informação geral abriam espaços para tratar dos interesses do setor, como a "carreira profissional".

Considerações finais sobre as pesquisas

A análise comparativa dos resultados das três pesquisas realizadas sobre a influência da mídia-revista no desenvolvimento dos Recursos Humanos permitiu não só verificar o nível de influência da mídia, mas também as diversas modalidades em que essa influência acontece nessa área.

As primeiras conclusões referem-se à análise comparativa das duas primeiras pesquisas: a *quantitativa* e a *qualitativa*, pois seus resultados, ao mesmo tempo em que se contrapõem, complementam-se no sentido da apuração do objeto das pesquisas, comprovando que há pressão da mídia-revista sobre o setor.

Entre as editorias e os articulistas verificou-se que há intenção não só de informar, mas também de influenciar pelo tratamento programado e permanente do que há de novo no mundo dos Recursos Humanos. Esses resultados foram sintetizados em seis de seus aspectos mais relevantes:

1. Emprego

Em relação à abordagem do emprego pela mídia-revista, as opiniões das duas pesquisas assemelham-se.

Na *quantitativa*, 43,76% julgam que o tratamento é adequado e qualificado, e 41,66%, que é superficial. Na relação conceitual do trabalho, 37,50% julgam o tratamento superficial, e 34,90%, adequado.

Na *qualitativa*, a maioria dos respondentes afirma que a abordagem é superficial, apenas informativa, sem aprofundamento dos temas tratados, sendo, às vezes, até contraditória. "Raro o texto prático, conceitual, que seja de fato apoio a uma mudança efetiva de carreira dos atuais executivos". "Tratam o tema de modo ideal, generalizam uma opinião como se fosse válida para todos ou defendem determinado ponto de vista."

Um número menor de entrevistados julga que a "abordagem dos temas é feita na medida adequada, pois não é o objetivo principal das revistas, que é de informar os leitores e como as notícias podem influenciar o mercado de trabalho".

Mas, há entrevistados que admitem, no caso, que há seriedade e competência no tratamento do tema RH: "percebe-se a busca de maior criticidade e verdade".

2. Emprego e tecnologia

A influência da tecnologia na geração de empregos e na geração de melhores oportunidades é aceita por 78,12% dos entrevistados na *pesquisa quantitativa*.

As opiniões divergem, porém, na *pesquisa qualitativa*, na qual as perguntas 2, 3 e 5 abrangiam prioritariamente os aspectos da gestão. Predomina, no caso, a ideia de que as revistas "deixam a desejar quando tratam do tema tecnologia". São muito pobres, superficiais "em sua maioria", "o que indica falta de pesquisa sobre o assunto". Não trazem "números, pesquisas, análises pautadas na realidade". O enfoque é tecnicista em detrimento do trabalho. "Existe um sentimento de separação muito grande entre pessoas e tecnologia." Tratam a tecnologia fora da realidade, de forma generalizada, a ponto de a considerarem "bicho-papão". "Os dados divulgados, geralmente, são parciais e pouco conclusivos, às vezes alarmistas". Um entrevistado afirma: "tenho lido matérias mais sérias e profundas em publicações acadêmicas" e completa seu pensamento assim: "as publicações semanais não amadurecem e aprofundam o tema, ficam na superfície."

É curioso neste enfoque negativo, aqui e em algumas outras respostas, o apelo que os gestores fazem por soluções, como, por exemplo: "não trazem nenhuma solução para os paradoxos atuais, como conciliar a vida profissional e a vida pessoal". Indicam a necessidade de reeducação, "mas não dão a fórmula". "Narram o problema sem analisar suas causas e soluções". Observam dois respondentes que esse não é o objetivo das revistas, pois se preocupam em dar informação.

Mas, há uma minoria que aceita de maneira positiva a influência da tecnologia como tratada pelas revistas: "têm trazido contribuições relevantes para uma reflexão necessária". "Chamam a atenção para o que há de novo e tentam citar exemplos do que está se fazendo no exterior."

Admite esse grupo que houve aumento de matérias sobre mudanças e formas alternativas de trabalho (teletrabalho) e também insistência na necessidade de reciclagem profissional, manifestada na aquisição de conhecimentos, de bagagens informativas, portanto, tecnológicas; "as revistas não estão propondo soluções, mesmo porque, hoje, acho seria difícil indicar um caminho seguro... muitos profissionais de RH de grandes empresas não sabem como agir".

Ao explicar suas opiniões sobre aspectos positivos e negativos da inter-relação tecnologia e mercado de trabalho, os entrevistados manifestam clareza em seus depoimentos, embora carreguem nos aspectos negativos.

Aspectos positivos:

- A tecnologia "é ferramenta essencial, não se pode esquecer de que o foco são as pessoas"; permite melhorar a qualificação do trabalhador, seu desempenho, torna o trabalho menos penoso, diminui riscos de acidentes, permite a atualização das pessoas que devem estar sempre "antenadas", mobiliza para a mudança, pode melhorar o lazer e a qualidade de vida, o que reflete na maior produtividade e qualidade final dos produtos. Facilita a vida da humanidade, aumenta a velocidade de informação, cria novos mercados (*e-business, e-learning, B2B, e-commerce*...), com a abertura de mercado para *webs* e a indústria de microinformática.

Aspectos negativos:

- Risco de dirigir o foco principal à tecnologia e não às pessoas; colocação do trabalhador a serviço da empresa 24 horas por dia; exigência de carga superior de conhecimento; velocidade da mutação tecnológica superior à capacidade de reeducação dos executivos; desequilíbrio entre a vida pessoal e profissional; medo e insegurança; aceitação passiva de sobrecarga de trabalho para não perder o emprego; perda da autoestima; extinção de funções; tecnologia como álibi para *downsizing*; criação da população excluída que não pode ter a máquina; necessidade permanente de reciclagem; empresas que desaparecem por não dominarem a tecnologia.

3. Influência da mídia-revista na área de RH

3.1. Influência geral na área de RH

Dos entrevistados da *pesquisa quantitativa*, 48,44% julgam que a mídia-revista influencia o setor de RH sob várias formas, enquanto 38,54% admitem a influência, mas não diretamente na tomada de decisões.

Diante da questão sobre a contribuição que a mídia-revista oferece ao setor de RH, os entrevistados da *pesquisa qualitativa* mantêm-se equilibrados em suas respostas.

- Reforçam os *aspectos positivos* da influência das revistas os que afirmam: "têm trazido contribuições relevantes para uma reflexão necessária." "Chamam a atenção para o que há de novo e tentam citar exemplos do que está se fazendo no exterior." "As pautas dessas revistas mostram que as empresas que adotam melhor a tecnologia qualificam de maneira melhor os seus recursos humanos." "Têm trazido informações que democratizam os conhecimentos da área e alertam sobre as mudanças, chamam a atenção para a importância do capital humano no sucesso das empresas, para a temática da abordagem da seleção, do recrutamento e da qualificação dos profissionais." Influenciam também na formação do perfil atual do trabalhador, no leque de exigências das qualificações que deve ter (diploma universitário, conhecimentos de informática, fluência em inglês e espanhol...), lembrando que "antes era valorizado pela fidelidade e, hoje, ao contrário, por ser multifuncional".

- Em relação aos *aspectos negativos*, outra parte dos entrevistados afirma que "as revistas têm trazido pouca contribuição ao tema; não tratam do problema na sua essência e por isso não influenciam os hábitos e vícios de abordagens dos executivos" e nem modificam o *status quo* profissional do executivo. Insistem nos modismos e não tratam de temas importantes. "Muitas vezes querem respostas prontas e as publicam. Essas respostas não existem: tais receitas acabam virando um desserviço." "A mídia quer fazer crer a todos os candidatos que eles são incompetentes se não falarem mais de três idiomas, não tiverem mestrado, doutorado, MBA e outros, para que só os gênios tenham espaço no mercado de trabalho." Quanto a este fato, é bom observar que, na pesquisa quantitativa, 72,40% afirmam a necessidade, por exemplo, do conhecimento de idiomas estrangeiros como uma exigência atual do mercado, estimulada pelas revistas.

3.2. Influência no tratamento dos problemas da área de RH e na introdução de novos paradigmas

Aspectos positivos:

- As revistas têm trazido alerta e contribuições relevantes para manter as pessoas informadas; "reproduzem artigos de 'gurus' brasileiros e estrangeiros com a profundidade necessária"; "mostram que os velhos paradigmas do mercado de trabalho estão todos ultrapassados e insistem nos novos paradigmas – parceria, trabalho em conjunto, otimização da produtividade, melhorias do clima interno, melhores políticas salariais etc.".

Aspectos negativos:

- Não divulgam "ideias como as do italiano Domenico de Masi sobre o ócio criativo, que é a nova forma de enxergar o paradigma capital/trabalho". Seu enfoque é parcial, "pouca coisa positiva, sem muita profundidade e/ou inovação"; "não li nada de novo sobre o assunto". "Faltam trabalhos científicos, analíticos, informações verídicas de casos"; "pincelam os assuntos, faltando a criação de uma massa crítica". Tratam os velhos temas com nova roupagem, só que nem sempre o problema é de atualização, e sim de mudança total.

3.3. Influência na gestão de RH

As respostas da *pesquisa quantitativa* são de alta relevância quando o tema é a influência da mídia-revista na gestão de RH. Afirmam que exercem pressão em RH (48,44%, mas não diretamente 38,54%); estimulam o treinamento (72,39%), o cultivo de novas habilidades (58,33%); oferecem nova visão (empregabilidade) do trabalho (79,69%); reforçam a necessidade do empreendedorismo (52,08%).

Na *pesquisa qualitativa*, predominam as respostas negativas à questão. "A influência é pequena." "A influência na gestão de RH em geral não é significativa; absolutamente nenhuma." "Na minha empresa, a influência é praticamente nula, tudo continua como há 20 anos." As ações são as mesmas, o que houve foi a introdução de novos equipamentos. "As pessoas sentem-se desvalorizadas, julgando-se idiotas diante da insistência das superqualificações", nem sempre utilizadas.

Reage de maneira positiva quem responde afirmando que as revistas "servem de referência, colocam a par de experiências que não se teria de outra forma"; "estimulam as ideias e os questionamentos; informam sobre o que está acontecendo". "A influência existe, é lógico, porém, ainda é pequena, pois há necessidade de abordagens mais densas, mais bem preparadas, pensadas."

3.4. Interferência positiva na nova gestão de RH

Em relação aos resultados da *pesquisa quantitativa*, vale o que foi citado nos itens anteriores.

Na *pesquisa qualitativa*, quatro entrevistados admitem que a mídia influencia de forma positiva, esclarecem questões, apresentam a continuidade de informações, chamam a atenção para a importância do capital intelectual e da retenção de talentos. "Há uma interferência positiva, com exceção dos exageros."

As opiniões negativas em relação à questão afirmam que "a influência é pequena por falta de aprofundamento", mas é interessante quando falam sobre a necessidade de mudança na área de RH. "A mídia não separa o que é modismo ou simplesmente opinião de um "guru" qualquer." Cinco respondentes afirmam que a maior insistência da mídia está nos modismos e que a área de RH gosta de procurar modismos – "foi sempre useira e vezeira na busca de modismos e esse fenômeno parece que se acelerou". Alguns passarão, outros, tratados pelas revistas, ficarão. O problema é saber o que é bom ou não.

3.5. Influência pode ser profunda ou não na moderna administração de RH

Em sua quase totalidade, os respondentes da *pesquisa quantitativa*, como já referido, admitem grande influência da mídia-revista na moderna gestão de RH. Na *qualitativa*, em sua maioria, os entrevistados consideram que as revistas não influenciam de maneira profunda a gestão de RH; "são apenas informativas, vão na onda, a influência é superficial; não servem de parâmetro para mudanças por falta de fundamentação dos temas". "Ainda não atingiu o estado de influenciar profundamente a administração de RH." "Podem exercer influência sobre profissionais em início de carreira, estudantes (por exemplo, pelas matérias da revista *Você*); o excesso de reportagens sobre o assunto faz as pessoas pensarem, mas não provoca mudanças profundas."

As respostas positivas dão conta de que, por atingirem número muito grande de pessoas "consequentemente, exercem grande influência. Essa influência se dá em profissionais em início de carreira e estudantes". Mas fazem ressalvas, dizendo que não se pode negar que matérias de uma revista como *Você* podem ser muito úteis para determinada faixa específica de profissionais, mas de forma alguma influenciam os administradores de RH.

Duas opiniões afirmam que apenas a mídia não influencia a gestão profunda de RH, mas sim um conjunto de ações: palestras, cursos, eventos, seminários "têm mais efeito do que a mídia-revista".

4. Tratamento dado pela mídia-revista à inteligência emocional

Para os entrevistados da *pesquisa quantitativa*, 73,96% aceitam a inteligência emocional como grande descoberta, que deve ser levada em conta e estudada na atualidade pelo setor de RH. A inteligência emocional representa o terceiro ponto mais bem aceito como influenciador do setor de RH, depois da empregabilidade (1º lugar – 79,69%) e da tecnologia (2º lugar – 78,12%).

Os respondentes da *pesquisa qualitativa*, em quase sua totalidade, negam o fato. Para eles, houve exagero na divulgação do conceito, que não é tão novo assim, mas surgiu com nova roupagem dada por Daniel Goleman. Consideram o tratamento dado pelas revistas como superficial e modismo. "O excesso da importância dada ao tema se deve, claramente, a interesses comerciais."

Há quem afirme que há necessidade da divulgação do conceito, de chamar a atenção para o fato de o ser humano ter emoções, de que haja equilíbrio entre o emocional e o racional. "Não há exageros, pois o mais importante é o equilíbrio entre o emocional (QE) e o Racional (QI)... Atualmente, as atitudes contam muito mais do que os outros dois fatores." Quem é favorável ao tema julga que deve ser bem debatido e pergunta: "é essa tendência de inteligência emocional" que deve prevalecer ou não?"

5. Autores que influenciam o setor de Recursos Humanos

Na *pesquisa quantitativa*, 67,71% admitem que são influenciados pelos autores que se dedicam aos temas atuais de RH.

Na *pesquisa qualitativa*, há a manifestação de pessimismo em relação à influência dos autores na área de RH. Para quem pensa assim, a grande maioria do que vemos é a utilização de velhos temas com pequenas modificações e tratamento de marketing; pouca coisa tem sido observada na área de RH que possamos chamar efetivamente de novo; o cenário está mais para repetição de velhos conceitos, há poucas propostas inovadoras; há autores muito vivos que se aproveitam dos modismos para faturar em livros e palestras; na maioria das vezes repetem velhas fórmulas; o que há em RH é a preocupação com o marketing, a visibilidade.

"Mas nem tudo está perdido, existem autores buscando o novo, o ousado, investir mais de verdade no potencial humano e não nos Recursos Humanos, pois recurso se acaba, potencial não, sempre se aprimora, se aprende."

Para quem admite a influência positiva dos autores, as fórmulas, embora repetidas, "estão levando vagarosamente a novas posturas; a grande inovação é a de, vagarosamente, estarem alertando para colocar o ser humano na frente dos processos". "Existem autores sérios e renomados, tanto no Brasil, como no exterior, que com frequência trazem novidades e novos modelos." "Sim, há autores brasileiros, inclusive, que inovam e trazem ideias extremamente interessantes. Só que não são lidos! Os estrangeiros sempre trazem ideias geniais, só que elas têm que ser adaptadas para a realidade local, o que quase nunca acontece.". "Existem autores buscando efetiva contribuição e renovação das técnicas de RH."

6. Posicionamento dos editores e articulistas

As duas pesquisas anteriores mostram, de um lado, grande suscetibilidade à influência da mídia-revista e aceitação fácil das grandes ideias atualmente divulgadas por parte de quem trabalha nos setor de Recursos Humanos; por outro lado, deixaram claro que executivos e consultores, líderes da área de Recursos Humanos, relutam em admitir que podem ser influenciados pela mídia-revista, chegando até a tratá-la como parcial e superficial, sem, todavia, negarem completamente que interferem nas transformações da área de RH.

Diante dos resultados tão expressivos da pesquisa quantitativa, como analisar a resistência das lideranças do setor? O caminho encontrado foi investigar se quem mantém a mídia-revista tem real interesse em influenciar o setor. Em caso afirmativo, estariam os executivos da área resistindo de maneira consciente às editorias e aos articulistas ou apenas rejeitando suas opiniões por não concordarem com elas ou por não as terem examinado de maneira mais profunda? Difícil julgar, mas a análise da pesquisa com as editorias e os articulistas, para conhecer suas intenções de influenciar ou não as transformações da área de RH, demonstra ser mais provável que a mídia-revista influencia "no desenvolvimento dos recursos humanos".

Esses resultados, para maior esclarecimento, podem ser analisados em sete pontos principais:

1. *As editorias e os articulistas têm como objetivo principal informar e não influenciar.*

   A primeira análise nos dá conta de que as editorias e os articulistas são mantidos com o objetivo maior de informar e não de influenciar. Querem informar sobre as inovações e o que acontece no mercado de trabalho para atender a quem procura informações a respeito do desenvolvimento das políticas que indicam tendências no setor.

2. *As editorias e os articulistas querem influenciar as transformações dos setores de RH.*

   A maioria dos entrevistados (41) admite que o grande objetivo da mídia-revista é influenciar o setor de Recursos Humanos. Essa mídia sempre cumpre as funções de informar, influenciar e promover transformações nos setores de RH das empresas, que se tornou uma área valorizada na qual vale a pena investir.

3. *As editorias e os articulistas acreditam que influenciam os setores de Recursos Humanos.*

   Essa é a opinião da grande maioria dos entrevistados. Afirmam eles que as editorias e os articulistas pretendem influenciar o setor de RH por meio da informação constante e atualizada, que dá conta das tendências nacionais e internacionais do setor, demonstra muitos exemplos de novas atitudes e de mudanças, o que acaba levando à reflexão sobre o que é melhor e o que deve ser adotado em Recursos Humanos. Isso se comprova pela abordagem planejada da informação, pela existência dos veículos e de seu crescimento, pela manutenção de editorias especializadas, que publicam projetos, estudos e pesquisas que têm grande credibilidade também pelo prestígio de que gozam os veículos e os articulistas.

4. *O profissional de RH tem necessidade de informação.*

   Outro fator que influencia os setores de RH é a necessidade permanente que o profissional dessa área tem de informações que contemplem tendências, realidades sociais e profissionais, que possam subsidiar a adoção de um planejamento estratégico de uma política de RH atualizada.

5. *A mídia-revista não interfere nas decisões.*

Um pequeno número de entrevistados (14) entende que a mídia-revista não influencia diretamente a área de RH, pois não interfere na tomada de decisões estratégicas feitas pelos principais gestores das empresas, pois a área de RH ainda tem pouca expressão para esses tomadores de decisões e ainda é dominada por decisões de diretorias administrativas e financeiras.

6. *As editorias e os articulistas veem os setores de Recursos Humanos preocupados com a atualização e a modernização.*

Os resultados da pesquisa deixaram claro que editorias e os articulistas estão preocupados com a atualização e a modernização dos setores de RH por duas razões:

a. os profissionais de RH estão empenhados na atualização e modernização para o atendimento das necessidades do mercado e preocupam-se com inovações e o futuro; têm uma responsabilidade estratégica nas empresas e são susceptíveis em aceitar a influência da mídia.

b. as editorias e os articulistas consideram os setores de RH preocupados com o tema e sabem que os profissionais não só querem, mas também precisam se atualizar, e que seus artigos, por isso mesmo, despertarão mais interesse por parte deles.

7. *A tendência de mercado é que a mídia-revista conquistará uma adesão maior dos profissionais de Recursos Humanos.*

A tendência de mercado é que, cada vez mais, os veículos de comunicação conquistarão uma adesão maior dos profissionais de RH porque precisam ser permanentemente informados sobre as constantes mudanças do setor, que são tratadas de maneira permanente pela mídia-revista, especializada ou não, que se multiplicou nos últimos dez anos.

Síntese final dos resultados das pesquisas

1. Há fatores (tecnologia) e ideias (empregabilidade, inteligência emocional, aquisição de habilidades) que influenciam o setor de RH, sobretudo por sua intensa divulgação pela mídia-revista.

2. Essa influência da mídia é amplamente admitida por profissionais que trabalham nos setores de Recursos Humanos.

3. As lideranças das áreas de Recursos Humanos resistem em aceitar abertamente que são influenciadas pela mídia-revista, mas admitem essa influência em algumas situações específicas.

4. A mídia-revista exerce um papel importante na divulgação de informações específicas da área de Recursos Humanos, indicando tendências, comentando casos bem sucedidos, publicando estudos e pesquisas, contribuindo, dessa forma, para que os profissionais se atualizem e acompanhem o desenvolvimento do setor.

5. A contínua divulgação de informações, inovações e de modelos de gestão de RH acaba levando à reflexão e à adoção de práticas renovadas na área de Recursos Humanos.

6. Os profissionais de Recursos Humanos estão preocupados com a atualização e modernização do setor de RH de suas empresas e pretendem estar sempre bem informados, tendo na mídia-revista importante fonte de informação.

7. Os editores e articulistas da mídia-revista têm consciência das necessidades de atualização e de transformação das áreas de RH nas empresas e, também, de que, pela divulgação permanente de temas que são de seu interesse, podem influenciar muito o setor, o que justifica até os investimentos nele realizados.

8. De acordo com a proposta inicial do trabalho, pode-se dizer com segurança que a mídia-revista influencia no desenvolvimento e na transformação dos setores de Recursos Humanos das organizações e no comportamento das pessoas.

5. As ideias que influenciam o setor de Recursos Humanos

No decorrer dessa obra pôde-se verificar que novos conceitos começaram a fazer parte do discurso de RH. Inicialmente, pareciam carecer de justificativas de seu uso, porém, pelos resultados das pesquisas percebeu-se que seu uso é adequado e tornou-se obrigatório para expressar os elementos que compõem a gestão de pessoas em RH.

A introdução da nova terminologia veio afirmar que o setor de RH está sendo influenciado pelas ideias vindas da gestão de pessoas e dos veículos de comunicação, informativos ou especializados.

As pesquisas realizadas abordaram 12 temas em uso atual no setor de RH e seus resultados permitiram identificar aqueles que vêm provocando maior incidência de mudanças na gestão de RH. Entre os conceitos apresentados com alto índice de respostas, que podem estar influenciado mudanças no setor de RH, foram identificados pelas pesquisas: a empregabilidade (79,69%), a tecnologia (78,12%), a inteligência emocional (73,96%), o treinamento (72,39%), conhecimentos de línguas (72,40%), influência de autores do setor (67,71%), a necessidade de novas habilidades (58,33%) e empreendedorismo (48,44%).

Esses resultados permitem que se empregue essa terminologia como referencial para o setor de RH e para as análises do comportamento desse setor, devendo ser compreendida segundo os conceitos encontrados nas pesquisas.

1. A empregabilidade

O conceito que mais influenciou o setor de Recursos Humanos foi o de empregabilidade, que obteve na pesquisa o índice de concentração de 79,69%. Trouxe inovações na mudança de conceito de emprego e trabalho e nas exigências de reciclagem dos trabalhadores, para que possam assumir novas posições.

A *empregabilidade* pode ser entendida como a capacidade e a disponibilidade para assumir um emprego novo ou similar ao anterior, o que exige preparo real, conhecimentos, maturidade e eficiência pessoal para assumir novas funções que surgem no mercado de trabalho. Tornar-se empregável significa ter mentalidade global e flexibilidade para enfrentar os desafios de trabalho onde quer que surja a oportunidade. A empregabilidade tem exigências ainda maiores: empreendedorismo e capacidade de produzir resultados fora dos padrões do emprego tradicional.

2. Tecnologia

Outro fator registrado na pesquisa, que veio a alterar de forma significativa o setor de Recursos Humanos, foi a tecnologia, com nível de concentração de 78,12%. Embora possa eliminar algumas funções, tem maior força na geração de novas oportunidades de trabalho, exigindo, por sua vez, treinamento dos trabalhadores.

A tecnologia é "ferramenta essencial", contribui para a melhor qualificação das pessoas, democratiza os conhecimentos da área, alerta sobre as mudanças e chama atenção para a importância do capital humano no sucesso das empresas. Influencia também na formação do perfil atual do trabalhador, no leque de exigências das qualificações que devem ter (formação universitária, conhecimentos de informática, fluência em uma língua estrangeira). Muda também o critério de avaliação: antes se valorizava o empregado pela fidelidade à organização, hoje, por ter capacidade multifuncional.

3. Inteligência emocional

O terceiro conceito divulgado pela mídia-revista e que também influenciou profundamente os procedimentos do setor de Recursos Humanos foi a descoberta da inteligência emocional com o nível de concentração de 73,96% na pesquisa. Esse conceito trouxe inovações nas relações pessoais, humanizando-as, e nas exigências de novo perfil dos trabalhadores, que devem se tornar equilibrados intelectual e emocionalmente para manterem relacionamentos saudáveis nas empresas como forma de assegurar a própria empregabilidade.

4. Treinamento de pessoal

A quarta ideia, com índice de 72,39% de aprovação dos respondentes da pesquisa, é a necessidade de mudanças na melhoria do treinamento de pessoal, que deve ser constante e adequado às novas exigências das funções. O treinamento é também recomendado como uma forma de desenvolver competências e de enfrentar a concorrência.

5. Conhecimento de línguas estrangeiras

As mudanças de paradigma da área de RH revelaram outra ideia que influencia o setor, com índice de 72,40%, e tornou-se fator diferencial para se conseguir e manter a empregabilidade: o conhecimento de línguas estrangeiras. Está em jogo não só as competências, mas também as habilidades que devem ter os trabalhadores para o seu melhor desempenho profissional.

6. Influência da mídia

Os trabalhadores da área de RH admitem que outra fonte de influência sobre o seu trabalho é representada pela mídia, tanto que 67,71% admitem que são influenciados pela divulgação de novas ideias e de tendências atuais que estão levando as empresas a mudarem seu comportamento na área de RH.

7. Novas habilidades

Quanto à ideia de habilidades individuais para o trabalho, 58,33% afirmam que as empresas estão exigindo novas habilidades dos empregados e que a busca pelo aperfeiçoamento está estimulando as empresas e os trabalhadores a se manterem mais bem preparados para o mercado de trabalho.

8. Empreendedorismo

Outro fator importante na manutenção da proatividade dos trabalhadores e na configuração do perfil desejado pelas empresas no momento da contratação é o empreendedorismo, com 48,44% de concentração. Nessa posição, essa qualidade não pode ser considerada a mais importante no momento da seleção.

CAPÍTULO 9

PROGRAMA ESTRATÉGICO DE COMUNICAÇÃO EM RECURSOS HUMANOS

Fatores Básicos para o Êxito da Comunicação

Os estudos apresentados até agora tiveram por foco a análise da comunicação e o levantamento dos fatores internos e externos que podem interferir no relacionamento da organização com seus públicos. O setor de Recursos Humanos, que foi pioneiro no desenvolvimento da comunicação interna, encontra-se hoje assessorado por comunicadores profissionais, de diferentes habilitações, que já assumiram boa parte o gerenciamento da comunicação organizacional e a enriqueceram com suas propostas inovadoras. Apesar disso, ainda se observa um processo fragmentado e de pouca eficácia para a comunicação por não se levar em conta os seus aspectos corporativos e a necessidade de que trabalhem em equipe no sentido de somarem esforços para o planejamento e a implantação de um projeto único de comunicação.

A experiência comprova que o fracasso de muitos programas dessa área prende-se à falta de sua inserção no planejamento estratégico, ao imediatismo de suas propostas e de sua execução.

Essa forma de agir ignora quatro fatores básicos sobre a comunicação:

a) A comunicação é um processo especializado de persuasão que deve estar fundamentado no estudo da psicologia, da antropologia, da sociologia e da cultura da empresa, levando-se em consideração o contexto que as organizações estão vivendo hoje em dia.

b) É fundamental, para o êxito da implantação de um sistema de comunicação, o conhecimento profundo do público a que se destina. No caso imediato da empresa, o conhecimento do perfil completo de seus empregados.

c) O processo de comunicação visa à mudança de comportamento; por seu caráter psicológico, exige prazos estratégicos, metas concretas, sustentadas por recursos humanos e materiais, para atingir os resultados esperados.

d) É imprescindível a aplicação do planejamento estratégico à comunicação, o que muitas vezes não é feito por falta de comprometimento da administração e pela não-integração dos comunicólogos.

A implantação de um plano corporativo de comunicação deve levar em conta a existência de uma filosofia de gerenciamento por diretrizes, baseada nos instrumentos da qualidade total, o que poderá unificar os esforços dos comunicadores, levando-os à obtenção de resultados mais efetivos e permanentes no tratamento da comunicação.

Diretrizes para a Implantação de um Programa Unificado de Comunicação

Princípios e fins da comunicação organizacional

1. A comunicação organizacional tem por objetivo organizar, direcionar e promover, de forma efetiva, o entendimento e o inter-relacionamento da empresa com todos os seus públicos, conseguindo da sociedade compreensão e apoio para suas políticas e atividades.

2. A globalização conduz as organizações à premente necessidade de comunicação com o mercado, tanto em nível nacional como em nível internacional, para:

    a) possibilitar as operações empresariais;

    b) promover o entendimento entre os públicos envolvidos e a empresa;

    c) continuar a competir;

    d) manter seus padrões de produtividade e lucratividade.

3. A comunicação é um processo global de relacionamento no qual deve se levar em consideração a estrutura organizacional, a sua cultura, o estado das pessoas, a sua permanente motivação, o uso adequado da mídia na transmissão de mensagens e as condições ambientais favoráveis para surtir o efeito desejado no fluxo de informação fonte-receptor/receptor-fonte.

   a) A comunicação organizacional deve ser tão abrangente quanto as necessidades de negócios das empresas e deve nelas figurar como um dos indicadores de qualidade e do seu sucesso ao lado de vendas, lucros, satisfação dos clientes e outros

   b) A comunicação é necessidade básica das pessoas e deve ter qualidade para ser eficaz.

   c) As pessoas não produzem, não se manifestam de forma eficaz, nem podem ser felizes consigo próprias e no trabalho sem a prática de excelente comunicação.

   d) A comunicação bem desenvolvida e praticada assegura: bem-estar das pessoas, boa convivência, motivação, entusiasmo e alegria de trabalhar e viver; consequentemente, garante a qualidade de tudo o que a pessoa faz.

   e) Como para as pessoas, também para as empresas a comunicação é valor estratégico imprescindível para o sucesso.

4. A comunicação não acontece por acaso. É um processo psicológico e técnico, que não funciona naturalmente para gerar resultados. Seus objetivos precisam ser previamente estabelecidos, suas mensagens programadas "ação por ação", bem como definidas as diferentes estratégias que serão utilizadas na sua transmissão, recepção e controle de resultados.

5. A comunicação deve ser exercitada de modo permanente para ser eficaz, estabelecer entendimento e trocas de informações que conduzam as pessoas à sua realização e ao exercício produtivo de seu trabalho, contribuindo para o sucesso das organizações.

6. A abertura para a comunicação deve ser ampla e contínua para atender às necessidades de um mundo em transformação, impulsionado pela tecnologia e pela globalização.

a) A globalização requer renovação nos paradigmas da comunicação organizacional, um caminhar lado a lado das novas ferramentas de produção e administração adotadas pelas empresas para encontrar uma forma de falar a mesma linguagem de gerenciamento da informação.

b) Esse novo paradigma exige total reconsideração e replanejamento da comunicação organizacional, tanto para públicos internos como externos.

7. A ordem é repensar a comunicação, seu papel dentro de um novo mundo empresarial, definindo-a com clareza e objetividade para que seja também um dos processos transformadores em andamento nas organizações, enquadrado no Planejamento Estratégico Global.

a) A inovação na comunicação requer a criação de um Plano Global de Comunicação que atenda aos princípios éticos, operacionais e estratégicos da organização e seja portador das diretrizes de todas as suas ações comunicacionais com seus diversos públicos a longo, médio e curto prazos.

8. Além de seus aspectos institucionais, a comunicação representa importante instrumento de mudanças, de facilitação de negócios e de projeção do conceito da empresa na opinião pública. Por isso, o Plano de Comunicação deverá determinar as melhores formas de relacionamento da empresa com seus colaboradores e com o mercado, para chamar a atenção sobre a empresa, ampliar suas oportunidades de negócios, gerar compreensão, aceitação de seus produtos pelos consumidores por meio de inter-relação duradoura e confiável.

Posicionamento da Organização

1. Nenhuma organização conseguirá implantar excelente e bem-sucedido processo de comunicação sem um comprometimento claro e a participação da administração sobre o que é a comunicação, sua importância, seu papel e sua interferência nas atitudes e no comportamento das pessoas em relação a si próprias, aos outros, ao cumprimento de suas tarefas e ao relacionamento com todos os públicos da empresa, tendo por fundamentação os seguintes princípios:

a) Estabelecer uma filosofia global, corporativa e integrada do sistema de comunicação, pautada segundo diretrizes de aplicação geral, para orientar e dar sentido a todas as ações e a todos os relacionamentos organizacionais, tornando-os produtivos e geradores de resultados.

b) Fundamentar o plano de comunicação segundo as mesmas características de sua ação estratégica e de seus princípios operacionais e éticos de negócios, de observância da lei e de respeito aos direitos fundamentais do homem, à dignidade e ao valor da pessoa humana.

c) Desenvolver um trabalho uniforme, coeso, permanente para estabelecer os paradigmas de sua inter-relação com públicos internos e externos, dizendo qual sua visão, sua missão, a que veio, como trabalha, o que faz e como quer ser conhecida na opinião pública.

d) Acreditar no papel vital da comunicação para o sucesso dos empreendimentos empresariais e desenvolvê-la com o envolvimento e apoio da administração.

2. A empresa deve ser a primeira fonte de informação sobre si própria, para seus colaboradores e para seus públicos prioritários, segundo os seguintes princípios:

a) Liderar o processo de comunicação.

b) Ter um projeto específico de comunicação, com objetivos claros a serem atingidos, sem dar a entender que sua comunicação está à deriva.

c) Definir com clareza seus públicos e estar atenta às suas necessidades.

d) Evitar transmissão de mensagens complicadas, indefinidas ou de dúbia interpretação.

e) Transmitir suas mensagens no momento certo (*just in time*) e nunca procrastinar a informação.

f) Utilizar mídia pré-selecionada e adequada aos públicos e aos objetivos da informação transmitida.

- A falta de liderança no fornecimento da informação permitirá que outras fontes levem dados não desejados aos públicos da empresa, gerando descontentamentos internos e disseminando contrainformação em relação aos princípios da organização.

- Tornando-se fonte secundária, a empresa perderá credibilidade perante seus públicos e terá prejuízos também em sua imagem corporativa.
- A liderança na informação exige rapidez na percepção da necessidade de se comunicar com seus públicos e no pronto fornecimento da informação.
- Quando os colaboradores da empresa recebem informações que lhes dizem respeito por outras fontes, sentem-se desrespeitados e passam a acreditar menos na sua organização.

3. Avaliar sempre de modo estatístico os resultados de sua comunicação.

O Direito à Informação e o Dever de Informar

Em uma sociedade democrática, globalizada, sob o domínio do conhecimento e da informação, os públicos relacionados à organização e à sociedade onde está instalada têm o direito de ser informados e de indagar sobre suas políticas e ações na comunidade.

1. É dever fundamental da organização informar seus públicos e responder às suas indagações.
2. A informação dada pela organização, para ser ética e transparente, precisará ser dirigida e levar em conta a segmentação dos públicos e suas reivindicações.
3. O profissional responsável pela comunicação da empresa acompanhará as manifestações da opinião pública para analisá-la e prever controvérsias em relação à atuação da empresa na comunidade, administrando crises e emergências e procurando sempre dizer a palavra certa no momento certo.
4. A divulgação dos princípios operacionais, éticos e dos valores da empresa fazem parte do enfoque estratégico da ação da comunicação junto a seus públicos.

O Profissional Encarregado da Informação

O gerenciamento do Plano de Comunicação Corporativa da empresa exige a presença de profissional de visão ampla, global, sem preconceitos, capaz de perceber toda a organização com sua visão, missão e objetivos estratégicos, e que, ao mesmo tempo, seja capaz de planejar, executar, prever, acompanhar e controlar todo o processo de inter-relacionamento da empresa com todos os seus públicos.

1. O profissional aqui focalizado deverá conhecer todo o sistema de comunicação e ser capaz de tratá-lo segundo os paradigmas da qualidade total, para saber o quê e o porquê comunicar, quando comunicar e como avaliar os resultados esperados de suas mensagens.

2. Esse mesmo profissional deverá ser um estrategista da comunicação e do relacionamento para poder administrar a comunicação organizacional considerada em seus aspectos internos e externos.

3. Como gestor da comunicação, caberá a esse profissional:

   a) planejar a comunicação global da organização e definir sua filosofia corporativa;

   b) ser o orientador e o mentor da comunicação dirigida da empresa;

   c) elaborar programas, pesquisar situações, definir com a administração o que será comunicado e apresentar as estratégias e ações que deverão ser utilizadas;

   d) criar uma estrutura interna capaz de atender às necessidades totais de informação da empresa, em qualquer situação;

   e) dar sentido a todos os relacionamentos da organização com seus públicos, estabelecendo políticas e estratégias dessa interação, definindo com clareza os objetivos da comunicação, suas mensagens, formas de sua transmissão, cronogramas do processo e definição exata dos públicos a serem atingidos;

   f) contar com recursos humanos, materiais e financeiros que possibilitem o atendimento adequado, eficiente e rápido das necessidades de informação da empresa; e

   g) observar, no exercício de sua função, os princípios éticos da organização e de sua profissão.

O Planejamento da Comunicação

1. A comunicação só será um processo bem-sucedido se for inserida no plano estratégico da organização e planejada a médio e longo pra-

zos, concretizada em planos anuais, atualizados segundo as estratégias operacionais da empresa.

2. A comunicação como processo exige na sua aplicação um conjunto de ações organizadas, executadas segundo objetivos e estratégias bem definidos que obedeçam às seguintes condições:

   a) O planejamento deve resultar do reconhecimento positivo da necessidade e importância da comunicação na organização, da admissão de que precisa ser continuamente exercitada e não feita aleatoriamente.

   b) A comunicação deverá ser realizada de acordo com a cultura da empresa, sua visão, missão e valores.

   c) Os objetivos devem ser determinados com clareza.

   d) A comunicação determina as melhores formas de relacionamento da empresa com o mercado, para a ampliação de negócios, aceitação de seus produtos, em uma relação duradoura e confiável.

   e) Um controle direto sobre seu processo de criação, realização, transmissão e realimentação deve ser estabelecido.

3. A comunicação nunca é fruto de uma única ação, mas é gerada e apreendida dentro de um contexto maior que envolve o meio ambiente, os relacionamentos da fonte com os seus destinatários, bem como a credibilidade da fonte e sua aceitação por parte do recebedor da mensagem.

   a) A comunicação deve ser sempre realizada nas condições ideais que facilitem sua recepção e o seu entendimento.

   b) Devem ser utilizados todos os recursos necessários para produzir os resultados esperados.

4. O plano de comunicação da empresa deverá levar em consideração também os "assuntos públicos" e a formação de uma opinião pública favorável à organização e às suas atividades.

   a) Uma opinião pública favorável é primordial para a percepção da empresa na sociedade e a consecução de apoio público às suas operações.

   b) A formação da opinião pública só acontece a médio e longo prazos pela divulgação permanente dos princípios éticos e operacionais da empresa, respaldados pela qualidade de seu gerenciamento e de seus relacionamentos com a comunidade.

c) A necessidade de formar uma opinião pública favorável justifica-se, na sociedade atual, pela permanente exposição das organizações à crítica de suas operações e de seus produtos e pelo interesse em consolidar o reconhecimento benéfico de sua ação na comunidade.

Os Níveis e as Modalidades da Comunicação

1. Seis fatores (nível, influência, fontes, mídia, fluxo, linguagem) contribuem para o êxito da comunicação empresarial, na medida em que representam as origens, as causas e os efeitos da informação e a sua interação junto aos públicos internos, conforme os parágrafos a seguir:

   a) A fluência na comunicação interna garante igual nível de informação aos trabalhadores, favorece a sua mudança de mentalidade, o seu conhecimento da empresa e o seu nível de satisfação e motivação no trabalho.

   b) A comunicação *administrativa* originária dos canais oficiais é parte essencial dos relacionamentos da empresa com seus empregados e os influencia no cumprimento de suas tarefas.

   c) As *fontes* de informação representadas pelos dirigentes da empresa e pela declaração de missão influenciam diretamente na aceitação da comunicação e no comportamento das pessoas.

   d) A *mídia* empresarial destinada a públicos internos, quando bem programada como fontes regulares e oficiais de informação, respondem às expectativas desses públicos quanto ao melhor conhecimento da organização.

   e) O *fluxo* de informação gera maior eficácia no sistema de comunicação, tornando-o mais confiável aos olhos dos trabalhadores.

   f) O nível de adequação da *linguagem* aos públicos leva à maior compreensão da comunicação que lhes é transmitida.

2. A comunicação deve ser sempre realizada nas condições ideais que facilitem sua recepção, sua percepção e sua visibilidade mediante a utilização de todos os recursos que se fizerem necessários para produzir os efeitos desejados e que levem à prática das ações programadas.

A Qualidade na Comunicação

1. Como recurso estratégico, a comunicação condiciona todos os passos da compreensão do processo de qualidade, entendido como a apreensão da totalidade de propriedades e características de um produto ou serviço que confere sua habilidade em satisfazer necessidades explícitas ou implícitas do cliente.

    a) A comunicação, como os processos de qualidade, exige controle direto e permanente sobre todo o seu sistema.

    b) Para se conseguir qualidade da comunicação, é preciso trabalhar segundo paradigmas abertos e atuais que, efetivamente, promovam a interatividade das pessoas, as motivem e as conduzam no mesmo sentido para a consecução dos objetivos programados.

    - Sem a qualidade da comunicação, não haverá qualidade de relacionamentos, de produtos ou serviços.
    - Como a qualidade, a comunicação começa e termina nos clientes, ressaltando-se que o primeiro cliente preferencial da empresa são seus colaboradores.
    - De acordo com o gerenciamento da qualidade total, a comunicação não é um processo fechado em si, mas dinâmico e sujeito ao replanejamento e à melhoria contínua.

2. A comunicação é um fator importante na provocação de mudanças. Onde for bem planejada e bem transmitida de acordo com as necessidades e urgências de cada momento ou de cada contexto, constitui um dos valores fundamentais como agente de mudanças.

A Mensagem

1. As mensagens da organização devem sempre ser transmitidas por quem tem autoridade e credibilidade perante o público, de acordo com os princípios:

    a) A autoridade maior da organização, ou seja, seu presidente, é naturalmente seu "porta-voz".

    b) Essa autoridade não pode se expor indevidamente.

    c) Nos comunicados normais para seus públicos, a empresa pode utilizar outros "porta-vozes" qualificados que gozem de credibilidade diante da mídia e da comunidade.

2. Como na qualidade, não pode haver suposições na comunicação. A mensagem só poderá ser captada de forma precisa, transparente e elaborada segundo as expectativas do destinatário, se o interlocutor for conhecido, a mensagem lhe for adequada, for empregada a mídia certa, no momento certo e na medida certa. Segue-se disso que a comunicação só será *just in time* se for pré-programada e planejada ação por ação.

   a) A mensagem deve ser estudada com cuidado e definida para o público a que se destina de acordo com a sua necessidade e suas expectativas, para poder satisfazê-lo e levá-lo a realizar a ação desejada.

   b) A empresa não pode se esquecer de que deve também estar preparada para responder ao questionamento do público e para justificar o teor da comunicação que lhe for dirigida, ou se defender de acusações que lhe podem ser feitas.

As Mudanças e a Influência da Comunicação

1. Quanto maior for a comunicação no contexto global da organização, mais fácil será a implantação de processos de mudanças, de qualidade total, de cumprimento de objetivos, de motivação no trabalho e de consecução dos resultados esperados.

2. Um processo de comunicação interativo com os públicos elimina barreiras e contribui para o êxito das empresas na realização de seus negócios, na consecução de seus objetivos e de seus lucros.

3. A comunicação é um fator importante na provocação de mudanças. Onde for bem planejada e bem transmitida de acordo com as necessidades e urgências de cada momento ou de cada contexto, torna-se um agente de mudanças.

Os Públicos

O êxito de qualquer comunicação baseia-se na sua propriedade para os públicos aos quais é destinada. Para assegurar resultados efetivos e duradouros de seu processo, é obrigatório o conhecimento detalhado dos públicos aos quais ela é dirigida.

Existe muita polêmica na definição dos públicos. Um dos conceitos mais utilizados é o de *stakeholders*. A conceituação lógica de França, explicada na obra *Públicos: como identificá-los em uma nova visão estratégica – Business Relationship* (2008) representa hoje a forma mais completa de analisar os públicos, seus tipos, objetivos dos relacionamentos, nível de dependência, participação e interferência nos negócios da organização. A conceituação fundamenta-se na classificação dos públicos em essenciais, ligados à atividade-fim da organização; não-essenciais, envolvidos nas atividades-meio; e, afinal, os que interferem nas atividades da empresa de maneira positiva ou negativa. Como não é objetivo desse planejamento de comunicação polemizar sobre o conceito, mantivemos as definições comumente utilizadas de públicos internos e externos.

1. A comunicação com os públicos internos

1.1. O público interno deve ser o primeiro a ser contemplado no plano de comunicação da empresa, que deve:

   a) fornecer em primeira mão toda informação necessária para a compreensão da empresa e o cumprimento de suas tarefas;

   b) elaborar ações concretas de comunicação, mas que levem em conta a mudança de mentalidade desses públicos diante das transformações ocorridas nas organizações;

   c) levar em conta a existência de outros públicos, terceirizados ou não, que convivem, hoje, com os públicos efetivos das empresas, dentro ou fora de suas instalações.

1.2. A qualidade da mídia destinada aos públicos internos não pode ser inferior às peças dirigidas aos públicos externos.

   a) Os públicos internos precisam ter acesso às informações distribuídas externamente pela empresa.

2. A comunicação com os públicos externos

2.1. Os públicos externos necessitam ser identificados com clareza e objetividade, de acordo com as prioridades e a importância dos relacionamentos da organização com eles.

2.2. O plano de comunicação com os públicos externos deve incluir todos os instrumentos que permitam estabelecer com eles uma convivência harmônica e produtiva, de acordo com os contratos assinados e com os objetivos da empresa.

2.3. As organizações não podem deixar de programar também a forma de se comunicar e relacionar com os públicos especiais como os de áreas governamentais, imprensa e outros.

- a) Nas relações com áreas governamentais predominam os contatos diretos, devendo, porém, esses relacionamentos ser cultivados de forma regular, não se limitando apenas a ações isoladas em emergências.
- b) Uma imprensa favorável contribui de modo extraordinário para a formação de conceitos positivos sobre a empresa. Por isso, o relacionamento empresa/imprensa deve ser cuidadosamente planejado e executado, pois assim como constrói, a imprensa pode, também, destruir o conceito de qualquer organização ou lhe causar graves problemas.
- c) Levando em conta seu ramo de negócios e os prejuízos que podem causar às comunidades onde operam, a organização deverá estar atenta à ação de entidades organizadas, que lutam em defesa da qualidade de vida do meio ambiente, preparando ações de comunicação a elas destinadas.

A Mídia Dirigida

1. A comunicação organizacional é muito mais ampla e complexa do que a simples programação de mídia, mas a correta veiculação de mensagens é vital na composição do plano de comunicação.

2. No mundo globalizado, tendendo à emergente economia pós-produção, com fábricas de "manufatura flexível", o sistema de comunicação tornou-se individualizado e deve enviar suas mensagens para categorias e públicos segmentados; por isso, a organização necessita utilizar a comunicação dirigida para atingir seus objetivos no relacionamento com seus públicos.

3. A comumento de mensagens especiais, adequadas a segmentos específicos de um ou mais públicos, por meio de mídia selecionada e predeterminada, para garantir o acolhimento da mensagem e sua

eficácia na opinião desses públicos pela comprovação estatística de seus resultados.

a) A comunicação dirigida é essencial na estratégia da comunicação das organizações. Por ela, conseguirão ser mais eficazes no seu esforço de entendimento com seus públicos, atingindo-os de forma imediata e melhor.

b) A comunicação dirigida é a forma concreta de a empresa praticar a comunicação *just in time*, enviando a mensagem certa, adequadamente programada, para o público certo, no momento certo, por meio do veículo certo e conseguindo por sua técnica obter resultados quantificáveis e esperados.

4. A mídia geral da comunicação organizacional deve ser tecnicamente programada de acordo com as características de cada público.

a) É preciso programar corretamente e manter as características da mídia destinada a públicos internos e externos.

b) Cada veículo deverá ser programado de acordo com suas características.

c) A existência de farta mídia nem sempre significa que haja boa comunicação na organização, podendo indicar, ao contrário, superposição e saturação de mensagens.

A Composição dos Planos de Comunicação

1. Os planos de comunicação devem ser elaborados levando-se em conta os mesmos elementos do Planejamento Estratégico da organização, definindo visão, missão, objetivos, estratégias, metas, planos de ação e orçamento anual.

a) Devem ser elaborados no mesmo período do ano em que a organização revê e reordena seu planejamento para o ano seguinte.

b) Devem ser inspirados na ética e nos princípios operacionais da empresa.

c) Devem ser apresentados e aprovados pela administração para serem aceitos por todos e terem força na hora de sua execução.

Responsabilidade pelo Processo de Comunicação

Como um processo estratégico de inter-relação com seus públicos, é aconselhável que as organizações contem com um setor responsável para planejar e executar seu programa de comunicação com os colaboradores. No Brasil, porém, não é viável essa solução porque a maioria das empresas é de pequeno ou médio portes. A responsabilidade pela coordenação da comunicação nessas empresas pode continuar sendo gerenciada pelo setor de Recursos Humanos ou por um dos dirigentes da empresa ou por uma pessoa designada por eles.

Em muitas organizações de grande porte encontramos departamentos de Comunicação bem-estruturados e, em alguns, até um diretor de Comunicação. Nesse caso, os planos de relacionamentos devem contemplar tanto os colaboradores internos quanto os externos.

Foi levando em conta essa realidade tão distinta da possibilidade de se implantar um processo de comunicação em todas as empresas que esta obra focalizou os principais elementos que devem compor o contexto da comunicação empresarial e demonstrou, pelas pesquisas realizadas, quais são os caminhos para se conhecer o perfil dos colaboradores das empresas e as principais ideias que influenciam a comunicação como estratégia de Recursos Humanos.

BIBLIOGRAFIA

ABERJE. *Pesquisa Aberje 2002: comunicação interna*. São Paulo: Aberje, 2002.

_____. *Panorama da comunicação empresarial*. Ano 2. São Paulo: Aberje, 1988.

ABREU DE PAULO, Vanderlei e CRUZ, Carolina. *Fofoca e rádio-peão: como conviver*. In Profissional & Negócios: o seu jornal de Recursos Humanos. São Paulo: Central de Negócios Editora e Marketing, a. VI, nº 65, maio 2003, p. 14-16.

ABRH NACIONAL. *Por que soluções gerenciais parecem modismo*. Conarh 2005: Informe publicitário. In O Estado de S. Paulo, Ce 6 Empregos; 26 de maio de 2005.

BARBEIRO, Heródoto. *Crise e comunicação corporativa*. São Paulo: Globo, 2010 (Coleção CBN Livros).

BARBULHO, Euclydes. *Recursos Humanos: tornando sua empresa mais competitiva* – Negócio, Trabalho, Ser Humano. São Paulo: Madras Business, 2001.

BERNHOEFT, Renato. *Como tornar-se um empreendedor* (em qualquer idade). São Paulo: Nobel, 1996.

BRIDGES, William. *Um Mundo sem Empregos – In JobShift: os desafios da sociedade pós-industrial*. Trad. José Carlos Barbosa dos Santos; revisão técnica Vick Block. São Paulo: Makron Books, 1995.

BUENO, Wilson da Costa. *Comunicação empresarial: teoria e pesquisa*. São Paulo: Baueri, Manole, 2003.

CASE, Thomas Amos. *Gerenciamento da carreira do executivo brasileiro.* São Paulo: Catho, 2001.

CORRADO, Frank M. *A força da comunicação: quem não se comunica.* São Paulo: Makron Books, 1994.

DUTRA, Joel Souza (org.) et al. *Gestão por competências: um modelo avançado para o gerenciamento de pessoas.* São Paulo: Gente, 2001.

FERRARI, Maria Aparecida. *A influência dos valores organizacionais na determinação da prática e do papel dos profissionais de Relações Públicas: estudo comparado entre organizações do Brasil e do Chile.* Tese de doutorado. São Paulo: ECA/USP, 2000.

FIGUEIREDO, José Carlos. *Comunicação sem fronteiras: da pré-história à era da informação.* Participação de Vera Giangrande. São Paulo: Gente, 1999.

_____. *Como anda a sua carreira? O check-up profissional vai ajudá-lo a mudar seu modo de vida.* São Paulo: Infinito, 2000.

FRANÇA, Fábio. *Comunicação organizacional na era da qualidade total.* Dissertação de mestrado. São Paulo: ECA/USP, 1997.

_____. *Marketing pessoal: o desafio profissional para se tornar um vencedor.* São Paulo, 1999 (apostila).

_____. *Públicos: como identificá-los em uma nova visão estratégica – Business Relationship.* 2ª ed. São Paulo: São Caetano do Sul, Yendis Editora, 2008.

_____. *Quociente intelectual versus inteligência emocional.* Curso sobre Inteligência Emocional destinado aos setores de RH das empresas e a universidades, 1996-2003.

FRANÇA, Fábio e FREITAS, Sidinéia Gomes de. *Manual da qualidade em projetos de comunicação.* São Paulo: Pioneira, 1997.

FRANCO, Simon. *Criando o próprio futuro: o mercado de trabalho na era da competitividade total.* São Paulo: Ática, 1997.

GILLEN, Terry. *Assertividade.* São Paulo: Nobel, 2001.

GOLEMAN, Daniel. *Inteligência emocional: a teoria revolucionária que redefine o que é ser inteligente.* Rio de Janeiro: Objetiva, 1996.

GOTTLIEB, Liana. *Mafalda vai à escola.* A comunicação dialógica de Buber e Moreno na educação, nas tiras de Quino. São Paulo: Iglu – Núcleo de Comunicação e Educação – CCA/ECA-USP, 1996.

GRANJA, Paulo. *Panorama da comunicação organizacional*. São Paulo: Aberje, 1988.

GRION, Laurinda. *Como redigir documentos empresariais*. São Paulo: Edicta, 2002.

IANNE, Octavio. *A sociedade global*. 4ª ed. Rio de Janeiro: Civilização Brasileira, 1996.

KUNSCH, Margarida M. K. *Obtendo resultados com relações públicas*. São Paulo: Pioneira Thomson Learning, 2004.

_____. *Relações públicas e modernidade: novos paradigmas na comunicação organizacional*. São Paulo: Summus, 1997.

_____. (org.) *Comunicação Organizacional*. Volume 1 – Histórico, fundamentos e processos; Volume 2 – Linguagem, gestão e perspectivas. São Paulo: Saraiva, 2009.

LEITE, Gutemberg C. de Matos. *A influência da mídia-revista no desenvolvimento dos recursos humanos*. Dissertação de mestrado. São Paulo: Faculdade Cásper Líbero, 2003.

MACEDO, Roberto. *Seu diploma, sua prancha: como escolher a profissão e surfar no mercado de trabalho*. São Paulo: Saraiva, 1998.

MARTINS, Vera. *Seja assertivo: como ser direto, objetivo e fazer o que tem de ser feito: como construir relacionamentos saudáveis usando a assertividade*. Rio de Janeiro: Elsevier, 2005.

MASI, Domenico de. *O futuro do trabalho e o ócio na sociedade pós-industrial*. Trad. Yadyr A. Figueiredo. 4ª ed. Rio de Janeiro: José Olympio; Brasília, DF. Ed. da UnB, 2000.

_____. *Desenvolvimento sem trabalho*. Trad. Eugênia Deheinzelin. São Paulo: Esfera, 1999.

MATURANA, Humberto R. *A árvore do conhecimento: as bases biológicas da compreensão humana*. São Paulo: Palas Athena, 2001.

MILIONI, Benedito. *Comportamento gerencial: o poder em questão*. São Paulo: Nobel, 1990.

_____. *Dicionário de termos de Recursos Humanos*. São Paulo: Central de Negócios em RH Editora e Marketing, 2003.

MINARELLI, José Augusto. *Empregabilidade: o caminho das pedras – como ter trabalho e remuneração sempre*. São Paulo: Gente, 1995.

_____. *Trabalhar por conta própria: uma opção que pode dar certo*. São Paulo: Gente, 1995.

MORA, José Ferrater. *Dicionário de Filosofia*. Tomo I. São Paulo: Loyola, 2001.

MOREIRA, Bernardo Leite. *Ciclo de vida das empresas: uma análise do comportamento e do desenvolvimento das organizações*. São Paulo: STS, 1999.

MUCCHIELLI, Roger. *O questionário na pesquisa psicossocial*. São Paulo: Martins Fontes, 1978.

NASSAR, Paulo e FIGUEIREDO, Rubens. *O que é comunicação empresarial*. São Paulo: Brasiliense, 1995 (Col. Primeiros Passos, 297).

NEVES, Roberto de Castro. *Crises empresariais com a opinião pública: como evitá-las e administrá-las*. Rio de Janeiro: Mauad, 2002.

O'BRIEN, Paddy. *Como ser assertivo como gerente*. Rio de Janeiro: Infobook, 1998.

ORLICKAS, Elizenda. *Consultoria interna de Recursos Humanos: conceitos, cases, estratégias*. São Paulo: Makron Books, 1998.

PAGÈS, Max et al. *O poder das organizações*. Trad. Maria Cecilia Pereira Tavares, Sônia Simas Favatti; revisão técnica de Pedro Aníbal Drago. São Paulo: Atlas, 1987.

PASSADORI, Reinaldo. *Comunicação essencial: estratégias eficazes para encantar seus ouvintes*. São Paulo: Gente, 2003.

PASTORE, José. *Flexibilização dos mercados de trabalho e contratação coletiva*. São Paulo: LTR, 1994.

_____ e VALLE SILVA, Nélson do. *Mobilidade social no Brasil*. São Paulo: Makron Books, 2000.

POLITO, Reinaldo. *A influência da emoção do orador no processo de conquista dos ouvintes*. São Paulo: Saraiva, 2001.

REGO, Francisco Gaudêncio Torquato do. *Comunicação empresarial, comunicação institucional: conceitos, estratégias, sistemas, estrutura, planejamento e técnicas*. São Paulo: Summus, 1986.

RIFKIN, Jeremy. *Fim dos empregos: o declínio inevitável dos níveis dos empregos e a redução da força de trabalho*. Trad. Gabriela Bahr; revisão técnica de Luiz Carlos Merege. São Paulo: Makron Books, 1995.

ROSA, Mário. *A Síndrome de Aquiles*. São Paulo: Gente, 2001.

SANTOS, Neusa Maria Bastos Fernandes dos. *Cultura organizacional e desempenho: pesquisa teórica e aplicação*. Lorena: Stiliano, 2000.

SEVERINO, Antônio Joaquim. *Metodologia do trabalho científico*. 21ª ed. ver. e ampl. São Paulo: Cortez, 2000.

SOUSA, Edela Lanzer Pereira de. *Clima e cultura organizacionais*. Porto Alegre: PPGA, URGS, 1978.

TARGINO, Maria das Graças. *Desafiando os domínios da informação*. Teresina: EDUFPI, 2002.

TOFFLER, Alvin. *Powershift: as mudanças do poder. Um perfil das sociedades do século XXI pela análise das transformações da natureza e do poder*. 4ª ed. Rio de Janeiro: Record, 1995.

VEJA, Revista. 25 anos: *Reflexões para o futuro*. São Paulo: Editora Abril, 1993.

VIGNERON, Jacques. *Comunicação interpessoal e formação permanente*. São Paulo: Angellara, 1996.

WIEGERINCK, Jan. *Trabalho temporário na prática*. São Paulo: Makron Books, 1999.

XAVIER, Ricardo de Almeida Prado. *Encontrando o emprego certo: elaboração de currículos, técnicas de entrevista e processo de seleção*. São Paulo: STS, 1992.

Outros Títulos Sugeridos

Autora: Vera Poder / Nº de páginas: 132 / Formato: 16 x 23cm

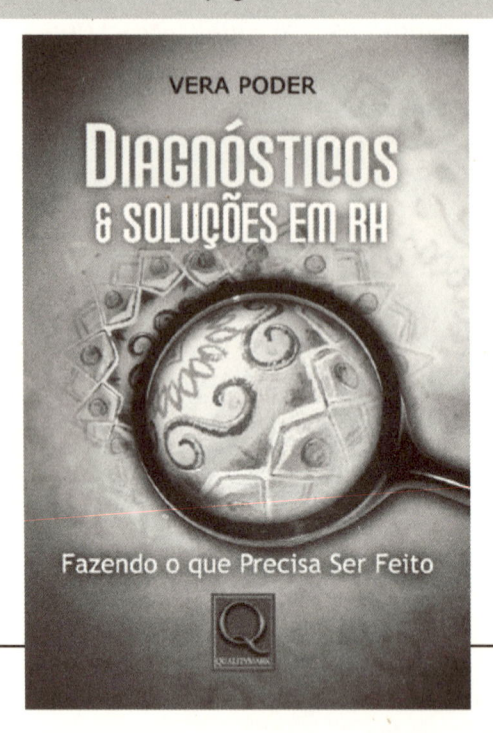

Diagnósticos e Soluções em RH

Fazendo o que Precisa Ser Feito

Na obra, leitor encontrará não somente ajuda para fazer diagnósticos de Or-ganizações e Recursos Humanos, mas também aquilo que motiva as pessoas a cumprirem seus papéis, a observarem quais são seus amparos e suportes, e que ferramentas utilizam para construir seus propósitos.

A leitura desse livro busca mostrar a importância de valorizar as diversas iniciativas, sem julgamentos ou críticas e poderemos nos orientar, assim como aos outros, em como tecer a rede de relacionamentos sadios que constroem uma or-ganização responsável, consciente e de grandes resultados para todos.

A proposta dessa obra é fornecer ferramentas para direcionar o esforço individual para a realização coletiva.

Outros Títulos Sugeridos

Autores: Luiz Paulo do Nascimento e Antonio Vieira de Carvalho
Formato: 16 x 23cm / Nº de páginas: 224

Gestão Estratégica de Pessoas
Sistema, Remuneração e Planejamento

A idéia é passar para o leitor uma visão da gestão de pessoas com foco em estratégias que possam ser delineadas, além de proporcionar uma compreensão tática das diferentes ferramentas de recursos humanos. A visão que se procurou transmitir refere-se à de organização de pessoas, ou seja, de uma organização na qual prevalecem o calor humano, os sentimentos, as vontades e o respeito por seus semelhantes, por entendermos que a maioria das pessoas não gosta de receber imposições.

Para atuar num mercado em que a mudança é um fator vital para a sobrevivência do mundo empresarial, faz-se necessária, urgentemente, a implantação de novas ferramentas e novos sistemas para recrutar, selecionar, treinar, determinar salários, avaliar desempenho e coordenar os colaboradores disponíveis. Por essa razão, há a necessidade do planejamento estratégico de RH no contexto de mudanças programadas.

QUALITYMARK EDITORA

Entre em sintonia com o mundo

QualityPhone:
0800-0263311

Ligação gratuita

Qualitymark Editora
Rua Teixeira Júnior, 441 - São Cristóvão
20921-405 - Rio de Janeiro - RJ
Tel.: (21) 3295-9800
Fax: (21) 3295-9824
www.qualitymark.com.br
E-mail: quality@qualitymark.com.br

Dados Técnicos:

• Formato:	16×23cm
• Mancha:	12×19cm
• Títulos:	Humanst521 BT
• Fontes:	Georgia BT
• Corpo:	10,5
• Entrelinha:	13
• Total de Páginas:	216
• 1ª Reimpressão:	2015
• Impressão	Grupo SmartPrinter